こんな会社で働きたい

サステナブルな社会実現のために

SDGs編③

クロスメディアHR総合研究所

はじめに

ＳＤＧｓが設定する２０３０年の開発目標の実現まで、あと7年となりました。普遍的な価値として認知度も高まり、弊社でも２０２１年に最初のＳＤＧｓ編を刊行し、3冊目となる本書に至るまでさまざまな企業を取材しています。

企業が継続・存続するためにも、事業をサステナブルにしていこう、より社会に貢献していこうという姿勢は高まっています。

一方、消費者も環境に配慮して、よりサステナブルな生活をしよう、環境にやさしい製品を購入しようという意識が高まっています。

今回も巻頭企画では慶應義塾大学・蟹江憲史教授に「ＳＤＧｓ　行動のその先」についてご寄稿いただきました。そして持続可能な未来のために、それぞれの取り組みを進める10社を取材し、生の声をお届けしますので、企業研究の参考にしてください。

これからキャリアの第一歩を踏み出す皆さまに役立つことを願っています。

クロスメディアＨＲ総合研究所

INDEX

巻頭企画

SDGs 行動のその先へ

蟹江《かにえ》 憲史《のりちか》

1969年生まれ。慶應義塾大学総合政策学部卒業、2000年、同大学大学院政策・メディア研究科博士課程学位（政策・メディア）取得。北九州市立大学法学部助教授、東京工業大学大学院社会理工学研究科准教授、パリ政治学院客員教授などを経て、2015年から現職。日本政府SDGs推進本部円卓会議構成員、内閣府地方創生推進事務局「地方創生SDGs官民連携プラットフォーム」幹事会幹事、国連経済社会理事会（Economic and Social Council:ECOSOC）アドバイザーなど、SDGs関連プロジェクトで数多くの委員を務める。国連Global Sustainable Development Report（GSDR）の2023年版執筆の独立科学者15人に選ばれている。

ポストコロナ、戦争・紛争下のSDGs

ＳＤＧｓが目指す２０３０年のゴールまで、あと7年となりました。ＳＤＧｓが国連サミットの加盟国全会一致で採択されたのは、２０１５年9月です。それから7年の間に徐々に認知度が高まり、いまや認知から浸透へ、そして行動へとフェーズが変わってきました。

しかし、ＳＤＧｓの進捗は決して順調とはいえません。

新型コロナウイルスの感染拡大やロシアによるウクライナ侵攻により、進捗は大きく停滞してしまいました。コロナ禍で、ＳＤＧｓが掲げる目標の3番「すべての人に健康と福祉を」は目標達成から大きく遠ざかりました。貧困格差や教育格差が浮き彫りになり、連日働き口を失った人や食べるものに困る子どもたちがニュースになったことは、まだ記憶に新しく残っています。また、２０２２年2月にロシアによるウクライナ侵攻が始まると、ＳＤＧｓの各目標を達成することは、さらに遠ざかりつつあります。

こうした現実によって、私たちは「ＳＤＧｓは平和でなければ実現できない」ということを実感しました。でもこれは言い換えれば「持続可能な世界こそが本当の平和を意味している」ということです。

つまり、世界的に持続可能が危ぶまれている今こそ、一人ひとりがＳＤＧｓの取り組みを推進することで、持続可能で平和な社会をつくっていくことができるともいえます。

例えば現在、ウクライナの戦争により燃料や食料は激しく高騰しています。これを「地産地消を進めるいいチャンス」と考えれば、サプライチェーンや使用燃料の見直しから始め、ローカルレベルでのＳＤＧｓを逆に推進していくことができるかもしれません。

ＳＤＧｓはもはや「一部の意識の高い人や企業だけがやっている活動」ではありません。コロナ禍のパンデミックにおいても、売上よりもテレワークの推進やストレスチェックなど、社員の健康管理や働きやすさに取り組んできた企業ほど、回復が早かったという報告もあります。つまり、ＳＤＧｓに取り組むことは、リスクをビジネスに変える武器にもなるのです。

コロナ禍や戦況下でＳＤＧｓの歩みを止めるのではなく、むしろ逆に関心を高め、自社のビジネスを持続可能な社会実現のためにどう生かせるかを、私たち一人ひとりが考えていかなければいけない時が来たと思っています。

日本企業のSDGsの現在地

私は2021年の1年間、研究のためにアメリカのワシントンD.C.で暮らしていました。アメリカでは「サステナビリティ」という言葉はよく耳にしましたが、「SDGs」という言葉を知っている人はそれほど多くありませんでした。

日本では小学校から学校の授業にSDGsが取り入れられるなど、ここ数年で一気に「SDGs」という言葉の認知度が上がっています。一般の人たちの間でも「SDGs」という言葉を知っている人の割合が増えましたが、その一方でSDGsの中身まで詳しく知っているという人は、残念ながらそれほど増えていないように思います。

企業においても同様の現象が起きています。

例えばビジネスパーソンの間では、カラフルなSDGsのレインボーバッジをつけている人がここ数年で急激に増えましたが、17個の目標については覚えていても、169個のターゲットや231個の指標についてまで詳しく解説できる人はほとんどいないと思います。

また、企業サイトや採用ページを見ても「SDGsに取り組んでいる」と掲げている企業が多くあるにもかかわらず、２０２２年8月に発表された帝国データバンクの「ＳＤＧｓに関する企業の意識調査」によると、「（ＳＤＧｓという）言葉は知っていて意味もしくは重要性を理解できるが、取り組んでいない」という企業が全体の約４割もいるという報告も目にします。

２０２２年7月に行われた世界経済フォーラムで発表されたジェンダー・ギャップ指数（各国における男女格差を測る指数）では、日本は１４６カ国中１１６位でした。これはアジア諸国の中で韓国や中国、ＡＳＥＡＮ諸国より低く、先進国においては最低レベルです。残念ながら、日本企業や団体が、ジェンダー平等の取り組みで大きく遅れているということに他なりません。

とはいえ、２０２２年6月に公開されたＳＤＧｓの達成度・進捗状況に関する国際レポート「Sustainable Development Report（持続可能な開発レポート）２０２２」によると、日本のＳＤＧｓへの取り組み達成度は、世界１６３カ国中19位というまずまずの結果でした。達成の進んでいる取り組みを進めつつ、目標5番目の「ジェンダー平等を実現しよう」など、日本が遅れている目標に着目し、取り組みを強化していけば、もっと上位ランキングを目指すことも不可能ではないと思います。

それでもなお企業にSDGs経営が求められる理由

ＳＤＧｓの目指すゴール達成のためには企業の力が絶対必要であるにもかかわらず、なぜ日本企業や団体のＳＤＧｓは思うように進まないのでしょうか。

帝国データバンクの報告書によると、ＳＤＧｓに積極的に取り組む企業は大企業が68・9％となっている一方、中小企業は48・9％という数値となっています。企業規模間によって、ＳＤＧｓの取り組みに格差が生じているのが現状です。

さらに、「ＳＤＧｓに取り組んでいる」という大企業の中に、実態を伴わずに形だけのＳＤＧｓに取り組んでいる企業も隠れています。

また、中小企業の場合、「ＳＤＧｓに取り組みたいけれどどうしたらいいのかわからない」という企業がいまだに数多くあります。人材や資金面などのハードルによって、ＳＤＧｓの重要性を感じつつも着手できない場合もあり、「零細企業における具体的な取り組み目標が思いつかない」「中小企業には人材、資金面などのハードルが高い」という声もあがっています（帝国データバンク調べ）。

持続可能な社会を目指すためには、個々の企業がより持続可能な戦略をもって事業を展開していく必要があります。最近は企業が持続的に成長・発展していくために、稼ぐ力とＥＳＧ（環境・社会・企業統治）を両立させる経営への転換を目指す「ＳＸ（サステナビリティ・トランスフォーメーション）」に取り組む企業も増えてきました。

日本人は江戸時代から「売り手にも買い手にも世間にもよい商売を心がけなければいけない」という近江商人の経営哲学「三方よし」を大事にしてきたように、本来ＳＤＧｓへの親和性が高い国民だと私は思っています。

企業の規模や従業員数に関わらず、国や自治体がもっと多くの企業と一緒になってＳＤＧｓを推進していくことができれば、例えば、日本のジェンダー・ギャップ指数の順位を上げることもできるでしょう。

ランク	国	スコア
1位	フィンランド	86.51
2位	デンマーク	85.63
3位	スウェーデン	85.19
4位	ノルウェー	82.35
5位	オーストリア	82.32
6位	ドイツ	82.18
7位	フランス	81.24
8位	スイス	80.79
9位	アイルランド	80.66
10位	エストニア	80.62
11位	イギリス	80.55
12位	ポーランド	80.54

ランク	国	スコア
13位	チェコ共和国	80.47
14位	ラトビア	80.28
15位	スロベニア	79.95
16位	スペイン	79.9
17位	オランダ	79.85
18位	ベルギー	79.69
19位	日本	79.58
20位	ポルトガル	79.23
27位	韓国	77.9
41位	アメリカ	74.55
56位	中国	72.38

https://dashboards.sdgindex.org/rankings
SDGsの総合ランキングで日本は19位と貢献　※出典：Sustainable Development Report 2022

国連加盟国全193カ国のSDGsの総合パフォーマンスランキング

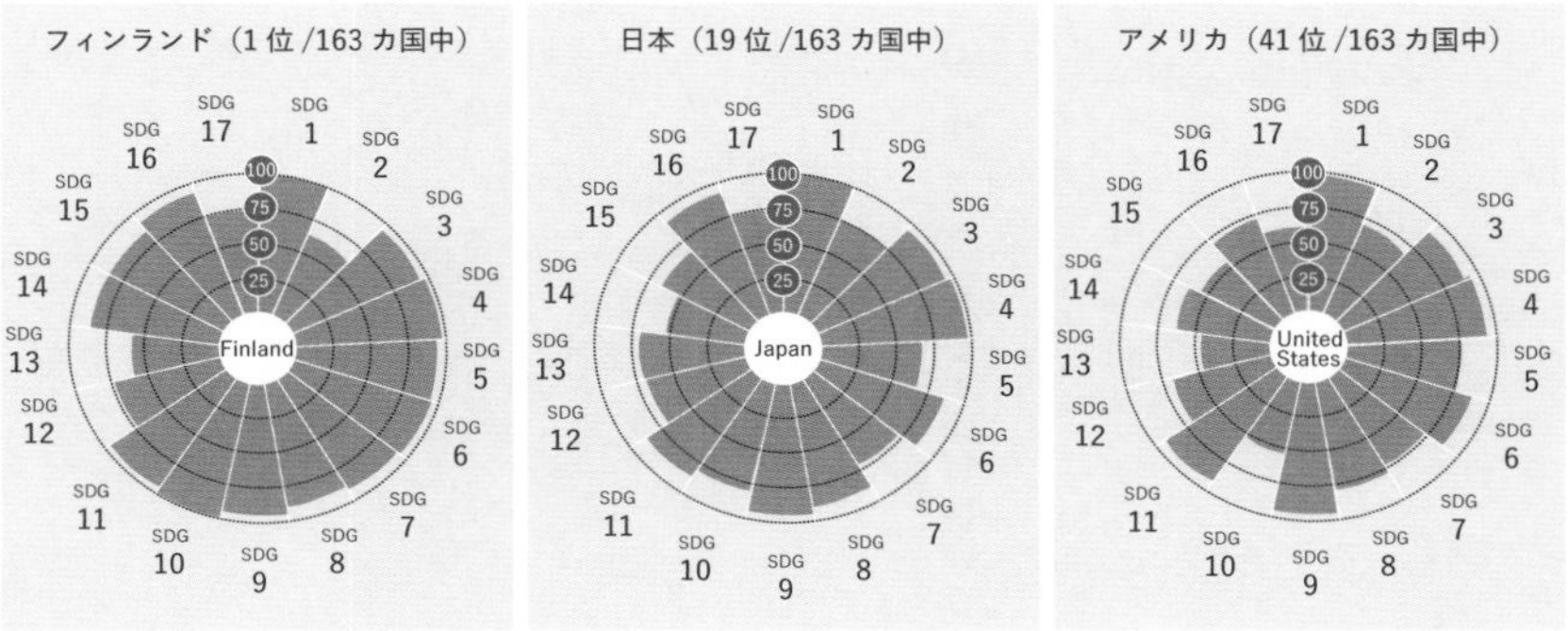

https://dashboards.sdgindex.org/rankings

17の項目別にパフォーマンスを比べてみると、日本は「目標5 ジェンダー平等を実現しよう」「目標14 海の豊かさを守ろう」の項目が低いことがわかる　※出典：Sustainable Development Report 2022

SDGsの平均パフォーマンス

認知・浸透から、行動・評価のフェーズへ

今あらためて注目されているのが、ＳＤＧｓの効果検証や評価です。

ＳＤＧｓは、今の社会の仕組みのままでは達成できるものではありません。ＳＤＧｓが目指すゴール達成のために、社会の仕組みを変えていくことは重要ですが、そのためには、ＳＤＧｓ自体もまた、具体的な取り組みの報告や進捗や結果を評価しながら変えていくことが求められます。

「評価」という点においては、ＳＤＧｓの取り組みが進んでいるといわれるヨーロッパにおいてもまだ十分とはいえません。ＳＤＧｓには罰則や規定がなく、基本的に「できることをやれる範囲で取り組む」ものなので、形だけ「やったふり」をすることもできてしまいます。ですから、ＳＤＧｓが目指す２０３０年のゴールまであと7年をきった２０２３年以降は、引き続き行動を加速化させながら、評価面でも取り組みを進めていくことが重要だと私は考えています。

では、ＳＤＧｓの取り組みで高い評価を受けているのは、どのような企業なのでしょう

か。実際にさまざまな企業の方とお会いしたり、お話を聞いたりする中で私が気づいたのは、一般的にSDGsの取り組みが遅れているといわれる中小企業やベンチャーの中に、SDGsの取り組みを事業業績の向上や離職率の低下につなげている企業が多いということです。

それとは逆に、世間からはSDGsの取り組みが進んでいるといわれる大企業であっても、組織が大きすぎて取り組みに時間がかかったり、進捗が鈍くなったりするという企業もあります。

そこで、ここからは実際に私がSDGsの取り組みを高く評価している企業をいくつかご紹介します。

事例1　株式会社ユーグレナ／東京都

株式会社ユーグレナは、藻の一種であるユーグレナ（和名：ミドリムシ）を活用した機能性食品、化粧品などの開発・販売の他、バイオ燃料の製造開発、遺伝子解析サービスを提供しているバイオテクノロジー企業です。「Sustainability First（サステナビリティ・ファースト）」をコーポレートアイデンティティに掲げ、社会課題の解決に寄与する製品やサービスを生み出しています。

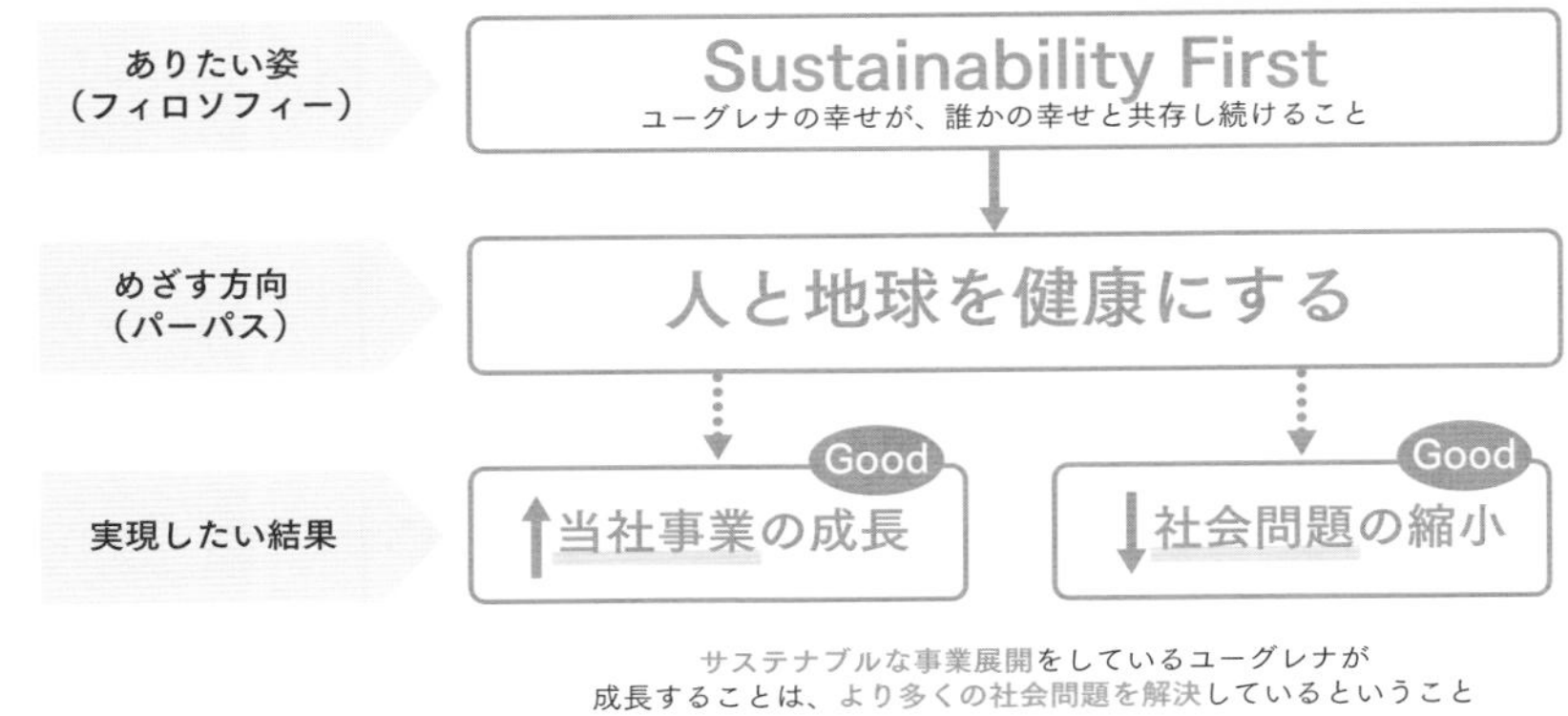

https://www.euglena.jp/companyinfo/sustainability/sustainability-first/

2020年の創業15周年を機に企業の「ありたい姿」として制定した、ユーグレナ・フィロソフィー「Sustainability First（サステナビリティ・ファースト）」

同社のＳＤＧｓの取り組みはこれまでにも世界各国で高く評価されていますが、そもそもＳＤＧｓという概念が生まれたから社会課題の解決に取り組もう、と始めたわけではありません。

同社の創業のきっかけとなったのは、社長の出雲充さんが大学生の時にバングラデシュを訪れたことです。栄養失調で苦しむ子どもたちを目の当たりにして、「この子どもたちが元気になれるものを見つけて届けたい」という思いから、豊富な栄養素を持つユーグレナに着目。２００５年に世界で初めての食用屋外大量培養技術の確立に成功したあとは、サプリメントやドリンクなど、栄養効果の高い食品から化粧品、バイオ燃料へと、ＳＤＧｓを軸に「人と地球を健康に」を一つひとつ実現しています。

「Sustainability First（サステナビリティ・ファースト）」を掲げて世界の貧困や気候変動問題の解決を目指す同社では、コロナ禍以前から多様性を尊重した働き方にも力を入れてきました。２０１９年からは、10年後・20年後のメインプレイヤーとなるZ世代以下の若者たちが経営に参加するべきという考えから、18歳以下を条件に一般から「ＣＦＯ（Chief Future Officer：最高未来責任者）」を公募。経営と改革をともに進めています。

これまでに、同社が販売するペットボトル商品の全廃などによって商品に使用する石油由来プラスチック消費量の50％削減の提言や定款の事業目的をＳＤＧｓに則した内容に変更した際の監修など、多岐にわたる提言や活動を行ってきました。

「今後も持続可能な地球・社会をつくるために事業を拡大していく」というユーグレナ社。多様なメンバーと共に、事業を成長させることで社会課題を解決していける優れた企業だと私は見ています。

事例2 株式会社ビビッドガーデン／東京都

全国の生産者から食材や花などを直接購入できるオンライン直売所「食べチョク」の開発・運営を行うビビッドガーデンは、生産者と共に一次産業の課題解決を目指す企業です。

今、基本的農業従事者の平均年齢は68・4歳（2022年農業構造動態調査）です。高齢化や後継者不足が大きな課題とされ、さらに世界情勢の影響で生産に必要な肥料や燃料代などが高騰し、一次産業は大きな危機にさらされています。

こうした中、「生産者の〝こだわり〟が正当に評価される世界へ」をビジョンに掲げ、規模の小さい生産者が持続的に利益を生み出せる流通構造を提案しているのが、「食べチョク」です。

これまでの生産販売では、生産者から消費者の手に届くまでに多くのルートを通らなければならず、生産者がどんなにこだわって作っても価格に反映されないという課題がありました。そのため農業を続けたくても廃業せざるを得ないケースも発生していました。

そこで、同社はオンライン上で生産者と消費者を直接つなぐサービスを開発。生産

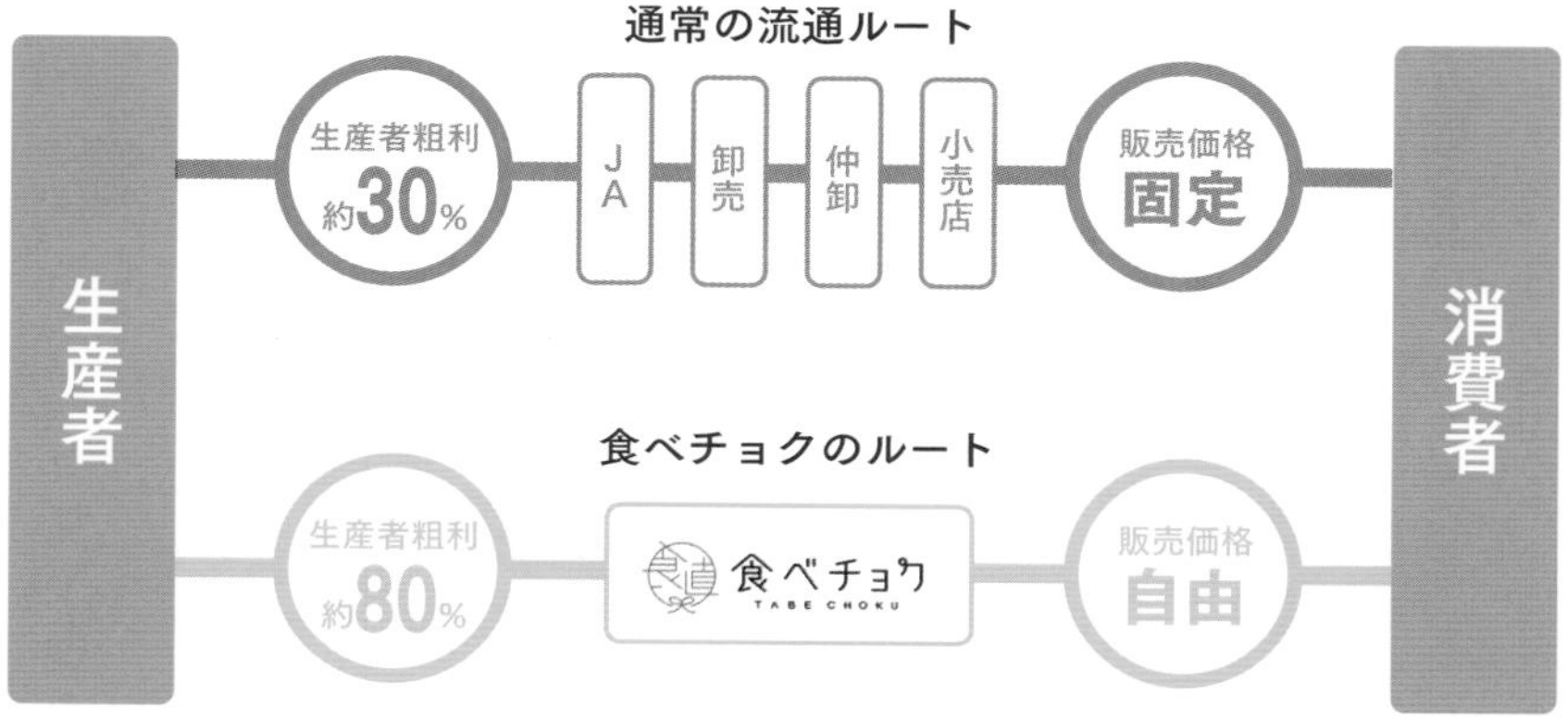

https://vivid-garden.co.jp/

「食べチョク」が提案する「生産者ファースト」の流通ルート

者自身が値決めして販売でき、消費者はこだわりの食材を新鮮な状態で楽しめるというＷｉｎ－Ｗｉｎの仕組みを構築しました。

従来の販路では流通することが少なかった規格外食材や漁獲量などの関係で未利用魚となっていた魚を販売する生産者もおり、そういった商品を楽しめるのも消費者側のメリットとなっています。

販路の選択肢を増やすことを掲げ、一次産業にＩＴ化も持ち込んだ同社。日本の一次産業の持続発展のために、効率化やさらなるサービス拡大を図る同社を、今後も応援していきたいと思います。

事例3　株式会社ヘラルボニー／岩手県

株式会社ヘラルボニーは、「異彩を、放て。」をミッションに掲げ、福祉を起点に新たな文化を創り出している企業です。自社を「福祉実験ユニット」と称し、知的障害のある作家とライセンス契約を結んでアート作品を預かり、東京など大都心の大手企業ともコラボレーションしてイベントや展示会、販売などを行っています。

創業したのは、双子の松田崇弥さんと文登さん兄弟です。ふたりには、重度の知的障害を伴う自閉症の兄・翔太さんがいます。障害のある兄が「かわいそう」と言われることに幼い頃から違和感を抱き続けてきたという両氏は、障害のある人を排除したり差別したりするのではなく、障害を「異彩」という可能性と捉え、違う視点から違う社会を生み出そうと、さまざまな取り組みを進めています。

まずは、福祉を起点に新たな文化を生み出すブランド「HERALBONY」を立ち上げ、「障害のある人の作品」ではなく、「かっこいい」と言われるアパレル用品ブランドとして世の中に提供してきました。

2021年には両代表の地元である岩手県盛岡市に、世の中にあるさまざまな障壁を取り除いていく場所としてギャラリー「HERALBONY GALLERY」をオープン。日本全国の知的障害のあるアーティストの作品を展示しています。

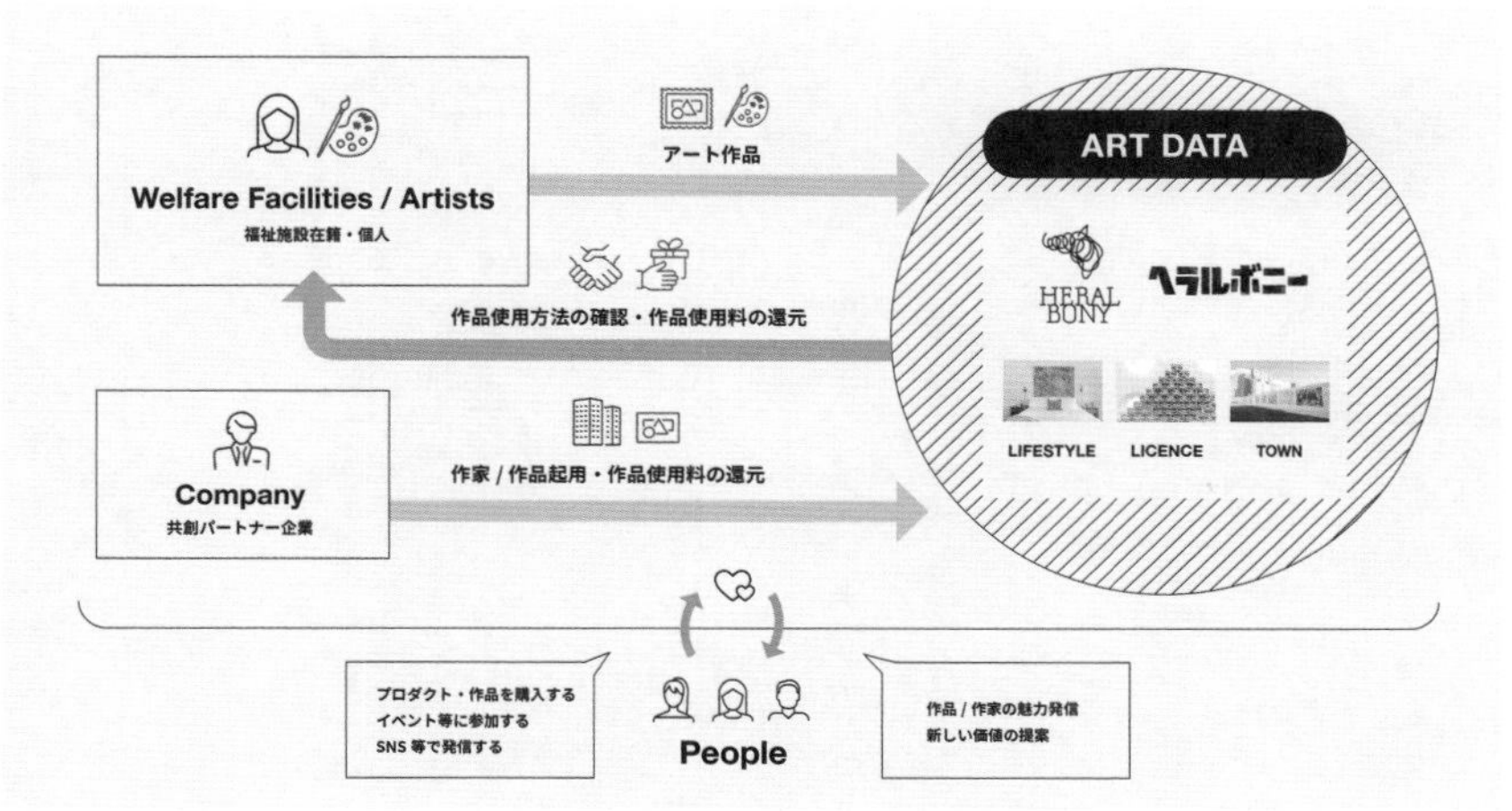

知的障害のある作家のアートを様々な事業に展開するヘラルボニーのビジネスモデル

さらに2022年には、新たにライフスタイルブランドもスタート。ファブリックやクッションなど、日常の暮らしを彩るアイテムを発表し始めました。

障害のイメージを変えていくことで、福祉や障害が当たり前に日常にあるようにすることには、もちろん大きな意義があります。でも私が高く評価しているのは、ヘラルボニーが介在することで、「障害」という特徴を持つアーティストが、自分の労働価値を高く設定できる場を得たことです。

誰もが豊かに暮らせる社会をつくることは、日本が持続的にあり続けるためになくてはならないことです。新しい幸せの形を生み出している同社のような会社が地方から生まれていることに、私は日本の大きな可能性を感じています。

SDGsネイティブと企業のコラボ事例

企業のSDGsの取り組みを発信し広く認知してもらうため、デジタルネイティブでもある「SDGsネイティブ」の力が大きな効力を発揮します。

SDGsをよりよく運用し2030年の次の目標につなげるために、「SDGsネイティブ」と呼ばれる学生たちと企業の取り組みについてもご紹介します。

東急株式会社（東急グループ）

ＳＤＧｓのゴール達成に向けた活動を、さまざまな形で発信している東急グループでは、車両を包むラッピングで長年にわたるＳＤＧｓの活動を紹介する「ＳＤＧｓトレイン」を２０２０年から運行しています。

慶應義塾大学蟹江憲史研究会（以下、蟹江研）では、２０２２年１月にこのＳＤＧｓの啓発を目的としたポスターを共同で制作し、車内に掲示しました。

「自分たちの毎日からＳＤＧｓを考えよう。」というキャッチコピーは、「ＳＤＧｓをもっと身近に感じてほしい」という思いから生まれたコピーです。

さらに、「＃ＳＤＧｓのホンネ」というハッシュタグで、ＳＤＧｓに関する情報発信やＴｗｉｔｔｅｒへの投稿も呼びかけ、単に広告掲載で終わらないムーブメントを生み出すことを狙いました。

東急グループは、学生とのコラボレーションで普段接することのないＳＤＧｓネイティブの本音を聞くことができ、企業の魅力度向上におおいに役立てたのではないかと思います。

就活生が見るべきは、企業のSDGs浸透度

就職を考える皆さんには、SDGsに取り組む企業の社内評価にも目を向けてほしいと思います。その理由は、株主やマーケットから高く評価されている企業が、実際にそこで働く社員や就職を考える学生や転職を考える皆さんにとって「よい」会社であるとは限らないからです。

例えば、日本経済新聞社が毎年発表している「日経SDGs経営大賞」では、先進的にSDGsに取り組む企業がずらりと名を並べています。しかし、大賞を決める調査項目は比較的外形的なものです。SDGs関連の部署に関わっている人や、統合報告書をまとめる部署、経営陣はSDGsを深く理解し、行動を起こしているとしても、全ての社員に浸透しているかどうかまでは、正直わかりません。

実際に、経営陣が力強くSDGs経営を掲げ、担当者である若手社員もみなやる気に満ちているにもかかわらず、実践・管理する立場の中間管理職の人が日々の業務の負担増を感じていたり、目の前の数字に追われ、取り組みが後回しになったりしているケースもあ

1	自社のＳＤＧｓの取り組みを具体的に説明できる
2	自社のＳＤＧｓの取り組みに対し、学生からの質問に答えることができる
3	自分の業務がＳＤＧｓにどう寄与しているか説明できる
4	自分にとってのＳＤＧｓを言語化できる
5	経営陣とＳＤＧｓ推進担当、それ以外の社員の誰に聞いても皆が同じ回答をする

学生視点で調査・評価したＳＤＧｓへの取り組み姿勢評価ポイント

るといいます。

こうした実態を調査すべく、大学の学生たちと一緒にプロジェクトを立ち上げ、経営陣の考える理念や目標が社員一人ひとりにまで浸透しているかどうかを調べるアンケート調査を行いました。

このプロジェクトでは、ＳＤＧｓネイティブと呼ばれる学生たちの観点から、企業が採用活動の中でＳＤＧｓをどう発信しているか、社内のＳＤＧｓ浸透度はどれくらいかなどを調べています。そして最終的には、企業が本質的にどれほどＳＤＧｓに取り組んでいるかを可視化することを目指しています。

まだ研究は途中ですが、「日経ＳＤＧｓ経営大賞」で選ばれた企業とはまったく違う企業がＳＤＧｓの取り組みにおいて学生から高く評価されているのは、大変興味深い経過でした。

今後さらにこのプロジェクトを進め、どういう基準でどう評価しているのかのエビデンスをきちんと整理し、外部に公表できる形にまとめていきたいと思っています。

未来の常識＝ＳＤＧｓのために今できること

いまやＳＤＧｓを掲げた商品やサービスは巷にあふれていますが、「やりっぱなし」や「やったふり」では、ＳＤＧｓネイティブには決して届きません。

また、消費者の意識も変わりつつあり、エシカル消費などに関心を持つ人も増えましたが、ＳＤＧｓは決して２０３０年で終わるものでもありません。

いちばん理想的なのは、「ＳＤＧｓ」とわざわざ言わなくてもサステナビリティが当たり前の社会をつくっていくことです。そのためには、5年後、10年後に社会の中心で働いている読者の皆さんが、まわりの評価や声に惑わされず、5年後自分はどんなところでどういう働き方をしたいかをしっかり決めて、それに向かって自分の感覚を大事に、就職先を探していくことがとても重要です。

「違和感をそのままにしない」ということも大切です。例えば「ジェンダー・ギャップをなくす」といっている会社なら、男性の育休取得者が何人いるのか、産休・育休明けに希望すれば元のポジションに戻れるのか、というエビデンスも確認すると、「こんなはずではなかった」という企業とのミスマッチを防げると思います。

もちろん、SDGsをこの先さらに推進していくためには、国の制度や法整備なども必要です。私はずっと、「SDGsの基本法」を制定すべきだという提案をしていますが、いまだに実現されていません。これからも、「SDGsが当たり前にある未来」を目指し、声をあげ続けていきたいと考えています。

皆さんがSDGsをキーワードに、納得のいく企業選びができることを願っています。

あらゆる価値を循環させ、あらゆる人の可能性を広げる

2013年3月に創立したメルカリ。創業からわずか5年で上場を果たし、フリマアプリ「メルカリ」の累計出品数は2022年11月に30億品を突破。月間の利用者数は2000万人を超えるという。C to Cのフリーマーケットという新たな市場を創出し、循環型社会を目指す同社の取り組みを、経営戦略室マネージャー山下真智子さんとVP of HR Marketplace執行役員の山本真一郎さんにお話いただきました。

循環型社会の実現を目指すメルカリ

メルカリは、誰かにとって不要になったモノが、他の必要な人のもとに届くマーケットプレイスです。

創業者の山田進太郎がこのビジネスを思いついたのは、バックパッカーとして世界一周旅行をしていた時だったといいます。圧倒的にモノが不足し、学ぶ機会も十分ではない新興国に立ち寄った山田は、当時普及が広がってきたスマートフォンをはじめとしたテクノロジーを活用して資源を循環させることができれば、一人ひとりが持つ可能性がもっと広がるのではないかと考え、フリマアプリビジネス・メルカリを創業しました。

近年はＳＤＧｓへの関心が高まり、人々の買う・使う・捨てることに対する意識にも変化が見られます。メルカリでは、このサービスを世界中に拡張していくことで、限りある地球資源が大切に使われる循環型社会の実現を目指しています。

私たちは、世の中にメルカリを使う人が増えれば増えるほど、モノを大切に使おうという意識も広がると考えています。また、消費者の意識が変われば、モノの生産や販売のあり方、さらにはバリューチェーン全体もサステナブルに変わっていくと期待しています。

こうした変化を世界中で起こしていくことで、循環型社会の実現に寄与するだけでなく、地球環境課題の解決にもつなげていく。それが、メルカリの願いです。

「プラネット・ポジティブ」な世界を目指す

今、グローバルでは「プラネタリー・バウンダリー」という言葉が注目されています。プラネタリー・バウンダリーは、日本語に訳すと「地球の限界」という意味です。地球温暖化をはじめ、超えてはいけない境界（＝バウンダリー）があるということを表しています。

この概念が広がる中、メルカリは事業の成長を通じて、地球環境に対しポジティブなインパクトを生み出し続けていきたいと考え、こうした思いを「プラネット・ポジティブ」という言葉で発表しました。

メルカリでは創業時からずっと、「循環型社会で必要不可欠な存在になる」という社会課題の解決を掲げています。プラネット・ポジティブを追求することによって、限りある地

経営戦略室マネージャー山下真智子さん

球資源が世代を超えて共有される循環型社会が実現し、その基盤のもとに、あらゆる人が可能性を発揮できる社会をつくっていきたいと考えています。

「もったいない」や、「グリーン」という言葉ではなく「プラネット・ポジティブ」という言葉を選んだのも、メルカリならではのこだわりです。創業時から「地球環境に貢献できるからメルカリを使ってください」「新興国の人々のために私たちのサービスを広めていきましょう」というアプローチはしていません。メルカリの事業を通じてリユースが促進され、そこから生まれるポジティブな影響が自然と循環型社会を創っていくことにつながっていくと私たちは信じています。

メルカリ取引でCO2の大幅削減に貢献

2022年6月に発行した「2022年度版サステナビリティレポート」では、初めてメルカリの事業を通じて生まれた環境貢献量を「ポジティブ・インパクト」として数値化し、開示しました。

これは、メルカリのサービスを人々に使ってもらえばもらうほどに環境に対してポジティブなインパクトをもたらすことができることを、可視化して世の中に示すためでもありました。

具体的には、メルカリの中で最も取引量が多い衣類カテゴリー*1のみを対象に、CO2排出量を今回初めて算出しました。その結果、メルカリの取引で2021年は約48万トンのCO2の排出を回避できたことがわかりました。さらに、直近3年間において回避できたCO2排出量は、衣類カテゴリーだけでも合計約140万トンにもなりました(次頁図表)。事業を成長させることで、循環型社会の実現に着実に貢献できていると自信を持って断言できる結果となりました。

*1：2019年4月～2022年3月の3年間におけるメルカリJPとメルカリUSの「レディース」「メンズ」「キッズ」のカテゴリーで取引完了となった中古品を対象商品に設定

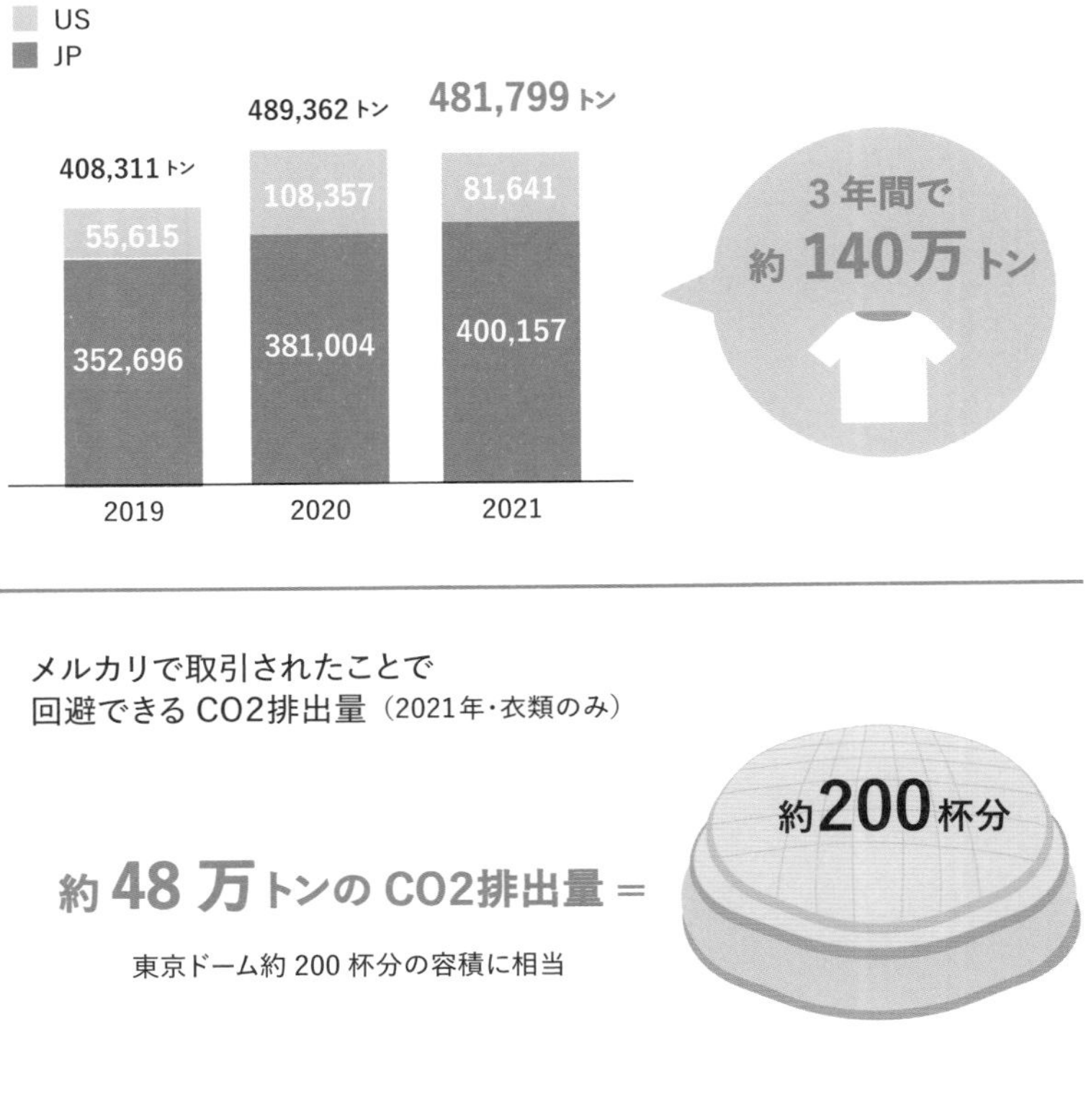

衣類だけで年間約48万トンのCO2排出量を回避（「2022年度版サステナビリティレポート」より）

また、メルカリに出品されたことで回避できた衣類廃棄の重量は日本だけでも約4・2万トンでした[*2]。これは日本で1年間に捨てられる衣類の総量48万トン[*3]の約8・8％に相当します。日本とアメリカを合わせた衣類廃棄量約5・9万トンは、10トントラック約5900台分にものぼります。

使わなくなった衣類を捨てずに、メルカリで出品したり購入したりすることで、環境負荷を減らし、循環型社会の実現を目指せることも、今後も世の中に提示し続けていきたいと思っています。

リユースを当たり前の社会にする

私たちはまた、メルカリを多くの方に使っていただくことで「買う・使う・捨てる」という消費行動そのものに対する意識変容を促すための取り組みも行っています。

2022年5月には「まだ使えるけれど不要になったモノ」を捨てないための仕掛けと

*2：2021年4月～2022年3月におけるメルカリJPとメルカリUSの「レディース」「メンズ」「キッズ」カテゴリーで出品完了した商品数より算出。衣類の重量は、経済産業省のデータを参照（出典：経済産業省「繊維産業活性化対策調査」）。メルカリUSの重量においても経産省のデータを参照して推計。

*3：出典：環境省 サステナブルファッション

して、「メルカリエコボックス」を開発しました。これは、家の中に眠ってる洋服や本、小物や食器などの「使わないけれど捨てられない」モノたちを、一時保管しておくためのボックスです。使えるけれど不要なモノを見える化することで、「捨てない」行動を定着させたいというアイデアから生まれました。このメルカリエコボックスを通じて、リユースが当たり前の世界にまた一歩近づけることを目指しています。

さらに梱包資源のリユースを促進する取り組みとして、2019年から提供してきた繰り返し使える梱包材「メルカリエコパック」を2022年6月にリニューアルしました。期間限定で全国9カ所でのメルカリステーションでの返却と循環を促進する仕組みを導入した他、小物や化粧品をそのまま梱包できるよう、内側にサイズの異なる3カ所のポケットを設けています。リユース配送の「あたりまえ」も目指し、今後もさらに進化させていく予定です。

SDGs教育施策にも力を入れる理由

一人ひとりの行動を変えていくためには、子どもの頃からモノやお金の価値についてしっかり学ぶことも重要だと私たちは考えています。そこでメルカリでは、学校の教科書だけでは学べないサステナブルな学びのプログラムの開発・提供も、小学生から高校生まで、幅広い年齢をターゲットに行っています。

メルカリや、メルカリアプリを使った決済サービス「メルペイ」を通じて、捨てられるはずだったモノに新しい価値を創り出していくことや、限りある資源を大切に使うことで循環型社会の実現につながっていくことなどを、子どもたちに届けています。

2022年はオンラインでの出張授業形式を中心に、1年間で1000人以上にメルカリの教育プログラムを提供しました。

さらに、教育ポータルサイト「mercari education」(https://education.mercari.com/)では、教育プログラムの無償公開も行っています。これもまた、メルカリの利用者を増やすことで、循環型社会の実現に一歩でも近づけたいという私たちの思いのあらわれです。

社内でのサステナビリティ促進も常に進化しています。身近なところからサステナブルに取り組む施策としては、オフィスの来訪者に提供する水の容器をペットボトルからリサイクル率の高いアルミ缶に変更。マイカップの取り組みとともに好評です。

多様性を尊重するメルカリの働き方

メルカリには多様な価値観やバックグラウンドを持つ社員が世界中からが集まっていますが、お客様にとって使いやすいプロダクトやサービスを生み出すためには、それらを生み出す私たち自身が多様でなければいけないからです。お客様のそれぞれの性別、趣向、趣味、考え方、ジェネレーションのニーズを拾い、使い続けてもらうサービスを提供していくために、ジェンダーや国籍、年齢、障がいの有無といった目に見える違いはもちろん、アイデンティティーや宗教、興味関心など目に見えない違いも理解し、包括できるようダイバーシティ&インクルージョンを推進し、誰もが働きやすい環境を実現しています。

3年前からサステナビリティレポートとして、私たちの活動の成果を公表してきましたが、近年はこのレポートで私たちの事業に共感し、入社を希望する人も増えています。とくに外国籍のメンバーはサステナビリティへの共感が高く、2022年現在ではメルカリJP（日本のフリマアプリ事業）のエンジニアリング組織の約50%が外国籍となっています。約50カ国以上の多様なメンバーが集まって働いています。

自由な働き方を後押しする「YOUR CHOICE」

コロナ禍で出社とリモートのハイブリッドワークが進む中、メルカリでは2021年9月1日から自らが働く場所と時間、住む場所を自由に選択できる「YOUR CHOICE」という制度を採用しています。

この制度導入により、メルカリの日本オフィスを拠点とする社員の9割がリモートワーク勤務を活用し、およそ1割の社員が1都3県以外の地域から勤務をするようになりました。

例えば制度を利用して小笠原諸島に住み、フルリモートで働くメンバーもいます。このメンバーのおかげで、離島に暮らす人がどのようにメルカリを活用しているかがリアルにわかり、サービス提供の大きなヒントになりました。

また、「YOUR CHOICE」を通じたフルフレックス勤務制度の導入により、日中に子どもの送迎や介護の通院など、仕事を「中抜け」したり、休日と平日を入れ替えて働いたりするなど、それぞれのライフスタイルや事情に合わせた働き方ができるようになりました。

具体的には、共働き家庭からの「育児がしやすくて助かっている」という声や、ハンディキャップのあるメンバーやその家族から「働き方の可能性を広げられる」という声もあり、組織としてのバリューやパフォーマンスの促進にもつながっています。

「無意識（アンコンシャス）バイアスワークショップ」

メルカリでは社内のダイバーシティ&インクルージョン推進の一環として、2019

年より多様性の受容を促進する独自の研修プログラム「無意識（アンコンシャス）バイアス ワークショップ」も行っています。２０２０年からは、全マネージャー受講必須の研修となっています。

「無意識バイアス」は、普段の生活や文化による影響で無意識にあらわれる思い込みや偏見のことです。一般に「女性はリーダーに向いていない」「外国籍の方は日本企業の社風に合わない」など、性別や人種、年齢などの属性だけを根拠に、無意識に決めつけてしまうことがあります。こうした無意識のバイアスが存在する企業では、個々の成長の可能性を阻害し、持続可能な組織の成長や発展を妨げることになってしまいます。そこで、無意識バイアスを日常的に意識する習慣をつけることで、多様な経験や視点を尊重した組織をつくろうというのがプログラムの狙いです。

しかし日本社会全体でのD＆Iの推進を目指すためには、メルカリだけが頑張っても実現不可能です。そこでより多くの企業や組織で、無意識バイアスが適切に理解されることを願って、ワークショップの社内研修資料を無償で公開しています。

今後もメルカリは「無意識バイアス ワークショップ」をはじめさまざまな取り組みを通じて、社内のみならず、日本社会全体でのD＆Iの推進を目指していきます。

自由なカルチャーを推進する「オープンドア」

メルカリには「オープンドア」という、誰でも自由に質問などができる意見交換の場があります。以前は創業者の山田など、経営メンバーが中心となって行っていました。しかし2018年からは、各自が自由に興味のあるトピックを立て、それに興味のある人が参加する形式に変わりました。リモートワークでよりよく働くためのオープンドアや、ESGオープンドアなど、さまざまなトピックが自由闊達に話し合われています。

誰もが自由に意見を言える風通しのよさは、多様な考え方をする人がいることを当たり前に受け止め、認め合う組織づくりに大きく貢献している他、自分らしく生き生きと働ける環境にもつながっています。

役職に関係なくお互いを「メンバー」と呼び合うなど、フラットなコミュニケーションが根付いているメルカリでは、情報がオープンになっているのも特徴です。自分のチーム以外の議事録などの情報も基本的に全て開示されていて、必要な人が誰でも見ることができるので、自分から積極的に情報を取りにいく文化が形成されています。

「新たな価値を生み出す世界的なマーケットプレイスを創る」というミッション達成のために、大切にしているバリューがあります。「Go Bold（大胆にやろう）」「All for One（全ては成功のために）」「Be a Pro（プロフェッショナルであれ）」の3つです。

社員から推薦を受けた人を採る「リファラル（紹介）採用」にも力を入れていますが、それは会社のミッションやバリューに共感できるかということを徹底的に大事にしているからでもあります。現役の社員は当然、このミッションとバリューを土台に、新しいことに挑戦しているメンバーばかりです。近年は新しい事業を拡張したり、海外での採用を強化したりと、バックグラウンドが多様なメンバーを採用しているので、なおさらミッションとバリューの共有は徹底しなくてはいけないと考えています。

社員にとってもリファラル採用で知人などに声をかけることは、一人ひとりが「メルカリ」の発信者になるということです。メルカリの社風やミッションを話すことで、よりミッション・バリューへの共感度と会社へのロイヤリティーを高める効果があると思っています。

社員のミッション浸透には、メルカリで働く人についての情報を伝えるオウンドメディア「mercan」も大きく貢献しています。私たちはあらゆる施策において、金太郎飴のようにどこを切ってもメルカリのミッション・バリューがぶれないよう徹底しています。もちろん、福利厚生や人事施策なども、基本的には全てバリューに即しています。

VP of HR Marketplace執行役員の山本真一郎さん

これらは言い換えれば、メルカリは一緒に働くメンバーに対して、学歴や性別、国籍などの「垣根」を一切設けていないということです。つまり、メルカリのバリューである「Go Bold（大胆にやろう）」「All for One（全ては成功のために）」「Be a Pro（プロフェッショナルであれ）」に共感いただける人は誰でも、メルカリにとって必要なメンバーだと考えているのです。

メルカリのドアはいつでもオープンに開いています。「あらゆる価値を循環させ、あらゆる可能性を広げる」という当社のミッションを、失敗を恐れず、大胆なチャレンジを通じて、共に実現したいと思う方の応募を、私たちはいつでもお待ちしています。

コラム　SDGsのきほん

Q1 SDGsの頭文字は何ですか？

SDGsの頭文字は、英語で「Sustainable Development Goals」の略称です。日本語では「持続可能な開発目標」と訳されています。

Q2 SDGsってそもそもなあに？

持続可能な開発目標（SDGs）は、「人々と地球の平和と繁栄のための共有された青写真」として機能するように設計された、相互にリンクした17の目標の集合体です。SDGsは、貧困をなくし、地球を守り、全ての人々が平和と繁栄を享受できるよう、先進国、途上国を問わず全ての国がグローバルな取り組みで行動を起こすことを求める緊急の呼びかけです。SDGsは、持続可能な開発を達成するためのロードマップを提供することによって、私たちの世界を変革することを目指しています。

Q3 なぜSDGsが生まれたの？

持続可能な開発目標（SDGs）は、貧困と不平等をなくし、地球を守り、全ての人々が健康、正義、繁栄を享受できるようにするために策定されました。

Q4 SDGsの目標は誰が目指すのか？

SDGsとは、2030年までにより良い世界を目指す国際目標です。17のゴールと169のターゲットから構成されています。SDGsは発展途上国だけでなく、先進国も取り組むべきユニバーサルなものです。地球上の「誰一人取り残さない」ことを誓っています。

SDGsは、国連サミットで加盟国の全会一致で採択されたものなので、その目標は全ての国や地域、組織や個人が目指すべきものです。

Q5 SDGsの達成に向けた課題には、どのようなものがありますか？

課題は、気候変動への対策、海・陸の豊かさの保護などがあります。日本は、教育や産業革新、平和といった目標を達成している一方で、これらの課題に取り組む必要があるとされています。また、SDGsの目標達成に向けて活動している人々や団体がありますが、活動に取り組む資金や人材は足りていないとされています。SDGsを達成するために必要なことは、国際問題の解決に努めることや世界規模の災害やさまざまな問題への対策を立てることです。また、私たち一人ひとりができる行動も重要です。例えば、情報発信をすることや寄付をすることが挙げられます。国連はSDGsの目標達成に関して、誰でも簡単に実践できる取り組みをアクション・ガイドとして公開しています。

Company File 01

株式会社ダスキン

「やさしさ」を形にするビジネスで人々の幸せと喜びに貢献
自己成長できる職場で、働きがいと経済成長を実現

代表取締役 社長執行役員
大久保 裕行さん

1963年の創業以来、「喜びのタネをまこう」をスローガンに、
人々の快適な毎日をサポートしているダスキン。
衛生に関するレンタル商品やサービスを提供する「訪販グループ」と、
ミスタードーナツをはじめとする「フードグループ」を主軸に、
全国で多彩な事業を展開しています。
「仕事の第一は人間をつくることでありますように」と掲げる同社。
「人」を大切にする社風の中で、新しいことに挑戦できる会社です。

社会課題の解決を目指して生まれた「ダスキン」

ダスキンの原点は、繰り返し使う化学ぞうきん「ホームダスキン」です。創業以来、私たちはものを捨てずに大切に使うという思いで事業を展開してきました。「使い捨てではなく、レンタルでくり返し使う」という事業スタイルは、まさに現在のＳＤＧｓと合致しています。

「利益は喜びの取引から生まれる」と考え、お客様の喜びを第一としたビジネスを目指していた創業者の鈴木清一は、自らが汚れてまわりをきれいにする「ぞうきん」になりたいと考え、当初は「株式会社ぞうきん」という社名にしようとしましたが周囲から反対する声があがり、「ダスト（ホコリ）＋ぞうきん」で「ダスキン」という社名に決まりました。

こうしたエピソードからもわかるように、ダスキンは社会からの期待に喜びをもって応えること、人に社会に「喜びのタネ」をまくことを事業として展開し続けてきたことが企業価値向上につながり、また使命でもあると考えています。

これは経営理念でもある「道と経済の合一」という言葉にも表れています。「道」は人に対して思いやる気持ちや、やさしさ、「経済」は時代に合わせて商品やサービスを変革していくことです。私たちは企業として、お客様や社会から求められる期待に喜びをもって応え続ける会社であるために、時代や社会のニーズに合わせて、変化を恐れず挑戦し続けています。

ダスキンが多様なビジネスを展開しているのも、この「挑戦」が根幹にあります。当社はこれまでに100以上の新しいビジネスに挑戦してきました。現在継続して展開しているのは約20事業ですが、全てお客様の生活を豊かで楽しいものにしたい、喜びのタネをまきたいという思いから始まった事業です。

当社が展開している「衛生関連商品・サービス」と「ドーナツ」には一見何の関係性もないように見えるかもしれませんが、「お客様の当たり前の毎日を快適で楽しいものにしたい」「お客様にいつでも幸せな気持ちでいてほしい」と考え続けた先に生まれたビジネスなので、どの事業も「喜びのタネをまく」という意味ではまったくブレがないと考えています。

ダスキンは日本でいち早くフランチャイズシステムを導入し、全国でビジネスを展開していますが、これもお客様により喜んでいただくことを目指した結果です。フランチャイズ加盟店は、それぞれの地域に根ざした方々が運営・展開しています。その地域で生まれ育った方であれば、よりお客様のニーズを的確に捉えたサービスをご提供することができると私たちは考えています。

また、ダスキンでは従業員を「社員」「スタッフ」とは言わずに「働きさん」と呼んでいます。これは、「傍《はた》(まわり)の人を楽にする人」という意味が込められています。

そもそもダスキンは、「主婦のお掃除の負担を軽減したい」という思いで1964年に水

衛生からおいしさまで、
喜びのタネをまきます!

を使わずにホコリを取る化学ぞうきんのレンタルをスタート。その後もさまざまな商品やプロの技術を提供するサービスにまで発展していますが、どれも「傍（まわり）を楽にしたい」という思いから生まれたものです。

この「傍」にはお客様や社会だけでなく、一緒に働く仲間たちも含まれています。ダスキンに関わる一人ひとりが多様な働き方を選択でき、よりよい将来が展望できるよう、誰もが働きやすく、自分の強みを発揮できる環境づくりに力を入れています。女性の活躍推進はもちろんのこと、誰もが自分の達成感や満足感が得られるよう、意識づくりや制度の確立などにも取り組んでいます。女性の出産・育児休暇取得率は１００％ですが、近年は男性社員も積極的に制度を活用し、出産・育児休暇や介護休暇を取得しています。

社会にも人にもやさしくあることを何より大切にしている会社で、新たな仲間と共に新しい未来を創っていきたいと強く思っています。

ドーナツでSDGsに貢献

学生時代、ミスタードーナツでアルバイトをしていて、ドーナツ愛と働きやすさから、そのままダスキンに入社を決めました。現在は、部署でフードロス削減や閉店後に残ったドーナツを飼料化するドーナツリサイクルなどに取り組んでいます。「いいことあるぞ」から「いいことするぞ」へ広げていくのが目標です。

女性が仕事を続けやすい

ミスタードーナツのお店づくりを担当しています。新しい店舗の企画・開発からユニフォームの開発まで、難しいけれどやりがいがあります。職場はやさしい人ばかりで、産休・育休も充実。女性が長く働き続けられる環境が整っています。

「キレイのタネまき教室」で未来を担う子どもたちを支援

小学生や学校の先生に向けた掃除教育プログラムの企画制作や教員向けセミナー、出前授業の講師、またその講師育成を担当しています。小学生に掃除の意義や清掃用具の正しい使い方を教える出前授業「キレイのタネまき教室」では、実施後に子どもたちから「楽しかった」「掃除が好きになった」と声をかけてもらえることも多く、やりがいを感じています。

加盟店と共に取り組む学校教育支援活動は、地域社会と連携して子どもたちに掃除の大切さを伝えていくSDGsにつながる重要な活動です。10年後も100年後も、きれいで快適な環境で、人々が健康に暮らせるように、これからも掃除の大切さを伝えていきたいと思います。

入社2年目で自ら手をあげ商品開発者に抜擢

入社して最初の配属は、家事代行サービスを行う「メリーメイド事業部」でした。研修を経て掃除の楽しさを知ると、清掃用具にもがぜん興味が湧くように。社内からの「現場の声を商品開発に生かしたい」という呼びかけに手をあげ、商品・サービス開発部に異動。現在は家庭用モップ商品の開発を担当しています。

ダスキンのモップは、繰り返し使えるサステナブルな商品です。私が所属するモップの開発チームでは、パッケージのエコ化も進めています。海洋ゴミの原因になるといわれるプラスチック使用量の削減や素材の見直しなど、資源の有効活用と環境負荷低減に取り組むことで、さらに環境に配慮した商品を世の中にお届けしていきたいです。

使う人も
お届けするスタッフも
笑顔になれる
商品を開発したい

訪販グループ事業本部
商品・サービス開発部
モップ・ワイプフル商品開発室
坂本 芽生さん

「ダスキンさん
ありがとう」の言葉が
何よりうれしい

ダスキン垂水支店
新宮 真実さん

お客様にも働く人にも「喜びのタネまき」を

フランチャイズシステムで加盟店と共に成長・発展してきたダスキンにとって、共に働く仲間はとても大切です。私の仕事は、そんな仲間たちが少しでも楽しいと思える職場をつくること、そして商品やサービスを使ってくださるお客様に「喜びのタネまき」をすることです。そのために、加盟店のサポートやお客様対応を行っています。

お客様に直接接することができる私たちは、お客様のお困りごとを解決することも、一歩先の提案をすることもできます。高齢のお客様に、かがまずに使えて軽量の柄の長いモップをご提案し、「気持ちが明るくなり、生活を楽しめるようになった」と言われた時は、こちらもうれしくなりました。喜びが循環する仕事です。

自然からお預かりした水をきれいにして返す

生産本部 技術部 製造技術室
日下部 和志さん

モップやマットの洗浄には、多量の水を使用します。そこで私の部署では使用水量の削減や汚水対策を行っています。

私の担当は、主に洗浄後の汚水をきれいにする研究です。使用後の汚れた水を法令基準より厳しい独自の排出基準に適合させて放流し、水資源の保全に務めています。

廃水処理が滞ると、水質汚濁を引き起こすだけでなく、企業の信頼低下にもなりかねません。近年は老朽化に伴う設備の改修や更新業務も増えています。

モップについていたホコリは、廃水処理で汚れの塊にし、セメント原料の一部として再資源化しています。今後は廃水処理のＤＸにも取り組みたいです。まだまだ挑戦し続けます。

SDGsを通じた地域との接点づくりに取り組む

「社会からの期待に喜びをもって応える」というダスキンの考え方のもと、南関東地域本部の加盟店指導に携わっています。本業を通じて地域社会に貢献するため、各自治体のSDGsパートナーに企業認証登録もしています。近年は自治体のホームページでダスキンを知ったという学生から、SDGsの取り組みについて聞きたいと声をかけてもらえるなど、接点の広がりを感じています。

また、女性が多い職場なので、乳がんの正しい知識を広め、検診の早期受診を促すピンクリボンの啓発活動も行っています。定期的に勉強会も行い、健康で生き生きと働ける環境整備に力を入れているのは、人を大切にする創業者のDNAが根付いていると感じます。

訪販グループ営業本部
南関東地域本部
訪販エリアマネジャー
柿原 慎一郎さん

働く人を尊重し
大事にしてくれる
会社です

Company File 02

株式会社ハピネス・アンド・ディ

従業員の4分の3が女性と、女性比率の高い会社
働きやすさとやりがいで、誰もが生き生きと働ける環境を目指す

宝飾品、アクセサリー、時計、バッグ、財布など、魅力的な商品を
数多く取り扱っているハピネス・アンド・ディ。
店舗には、特別な日の記念品や大切な人へのギフト選びで連日多くのお客様が
訪れます。商品をただ売るだけでなく、お客様に寄り添った提案をする
コンシェルジュを目指す同社。商品やお客様とのふれあいを通じて
自分自身を成長させられる環境が整っています。

販売員が楽しそうに働いているから店は愛される

ハピネス・アンド・ディは、人生の節目や誰かの大切な記念日に贈るプレゼントを提案するアニバーサリー・コンセプトショップを運営しています。数多くのブランド品を取り扱っていますが、ただのブランドショップではありません。私たちは、贈る方のワクワク・ドキドキする気持ちから、贈られる方の喜びや感動までお客様それぞれのストーリーにも寄り添い提供することを目指しています。

そして、お客様に愛され続ける店であるためにＳＤＧｓにも力を入れています。コロナ禍前から、小売店としてどうＳＤＧｓに取り組むべきかを模索してきました。

そんな中、発展途上国であるバングラデシュの、とても丁寧に革製品を作る工場とのご縁をいただきました。オリジナル商品も製造販売している当社では、これまでものづくりは「日本製」にこだわってきたのですが、ちょうど新型コロナウイルス感染拡大の影響で、グローバルでオンライン会議ができるようになったこともあり、バングラデシュの工場と一緒に高品質でリーズナブルな革小物を作ることを決めました。開発・製造にあたっては、これまで「Ｈ＆Ｄ」という自社オリジナルブランドを作っていたチームを「ＳＤＧｓ推進委員会」と位置づけ、新たに「ＳＤＧｓブランド」を展開しています。お客様のニーズにお応えしながら社会課題の解決にも貢献していくことを目指しています。

DXやSDGsに
取り組みたい方
ぜひ一緒に
挑戦しましょう!
代表取締役社長
田 篤史さん

また、担当者だけで完結しないように、全従業員を対象にしたＳＤＧｓ研修も行い、従業員のＳＤＧｓの理解徹底と意識統一も図っています。

お客様に楽しく幸せな気持ちで商品をお選びいただくためには、店舗で働く販売員がワクワクした気持ちで楽しそうに働いていることも重要です。そのために、仕事へのモチベーションを高く保ち続けられるよう、販売員の新人研修や資格支援サポートの仕組みを日々ブラッシュアップして整えています。

「買い物をするならあの店で買おう」とお客様から選んでいただけることや、お客様にとってのお気に入りの店であり続けることは、その地域の活性化にも寄与すると私たちは考えています。販売員の接客態度に感動して入社を決めたという社員も少なくありません。満足の循環で、持続可能な未来に貢献することが私たちの願いです。

店舗に商品を並べておけばいい時代は終わった

男女比率が3対7と女性従業員比率の高い当社。結婚や出産など、ライフステージが変わっても女性が生き生きと働き続けられる職場であることはとても重要です。

これまでは、店舗での接客が主な業務なため、夫の転勤や出産、介護などが理由で退職せざるを得ないケースも多くありました。ですが、コロナ禍を経て、店舗販売のあり方はめまぐるしく変化しています。そこで、スマホや動画撮影に慣れているデジタルネイティブ世代を中心に、SNS・動画配信を活用した「ライブショッピング」を実施するなど、店舗に立つだけではない業務や取り組みも横展開で広げています。

また、当社には、ワタベウェディングからの出向社員が3名います。接客スキルを上げるための研修などはもちろん行っていますがより高いホスピタリティマインドを身につけるために、他業界の手もお借りしたいと考えます。実際に、婚礼業界で培ったホスピタリティは、店舗接客の大きな戦力となり、スタッフの「おもてなし力」向上につながっています。これは、苦境にある婚礼業界の雇用受け皿にもなる取り組みです。業界を超えた企業間での協力体制を構築することに、今後も注力していきたいと考えます。

かつては、「店舗に商品を並べておけば売れる」という時代もありました。しかし、今は商品の価値を正しく伝え、その価値に共感していただかなければ、お客様から選んでもらうことはできません。私たちは、お客様の欲しい商品がただあるだけの場所ではなく、その商品を手に入れることで感動や喜びを味わうことができる場所として、何度でも足を運びたくなるような存在になれることを目指しています。

SDGs研修は
全従業員が参加!
意識の高さを感じます

人事部長
柳川 加津江さん

キャリアアップ支援を手厚く

ハピネス・アンド・ディは、従業員の「挑戦したい」という気持ちを全力でバックアップする会社です。例えば、「スター認定」と呼ばれる社内認定制度もその一つです。ジュエリーコーディネーターや時計技能士など、会社が、業務に必要と認定した資格を取得した場合に毎月の給与に加算して手当を支給しています。

資格試験の受検費用や、受検会場までの交通費も全額補助。金銭面での負担を少なくし、全力で資格試験に挑をでえる環境を整えています。

昨年は全従業員に対し、ＳＤＧｓを基礎から学ぶ「ＳＤＧｓ研修会」を行いました。参加率はなんと１００％！　座学の他、他店舗や他部署の従業員とのディスカッションも行い、楽しみながらＳＤＧｓの意識を高めています。

地方在住、フルリモート

私は販売のプロを目指して入社し、頑張って店長まで昇進しましたが、結婚してすぐ夫の事情で東北に引っ越すことになったのです。仕方なく退職を願い出たところ、全店舗に先駆けて行ってきたライブショッピングの取り組みなどを高く評価していただき、フルリモートでの広報業務担当に抜擢されました。

店舗の販売しか経験のない私が、フルリモートで、しかも本社業務などできるのか正直不安でしたが、コロナ禍でＳＮＳの動画投稿が増えたことなども追い風となり、現在は商品部や各店舗スタッフ、総務部などと密にコミュニケーションを取りながらＳＮＳ運用を中心とした広報業務を行っています。

やりたい業務に立候補できる社内公募制度など、「働きたい」を諦めなくていい環境がハピネスには整っています。

広報部
石橋 由梨さん
「仕方なく退職」を
会社が止めてくれました!

本音トーク！

資格取得の支援がモチベーションアップに！

ハピネスはジュエリーからインポートブランド品まで幅広く取り扱っているので、お客様それぞれに合った商品をご提案できるところが魅力です。取扱うアイテムがとにかく多いので商品知識を身につけるのは少し大変ですが、おすすめしたプレゼントが相手に喜ばれたとわざわざご報告に来てくださるお客様もいて、とても励みになっています。さらにお客様によいご提案ができるよう、今はジュエリーコーディネーターの資格取得を目指して頑張っています。

（　座間店　金澤 真理愛さん　）

2020年4月入社。会社見学で店長の気配りや素敵なお店を魅力に感じて入社。ジュエリーから雑貨までたくさんの商品があって仕事を楽しんでいる。

スタッフの仲がよく安心の職場環境です

別の小売店で販売員をしていたのですが、ハピネスのつくば店に買い物に行った時のスタッフの接客に感激し、「この人みたいな販売員になりたい」とすぐ転職を決めました。ハピネスは基礎からしっかり接客術も教えてもらえますし、スタッフ同士も本当に仲がいいので、毎日がとても楽しいです。コロナ禍で店舗休業になったことで、新たにライブ配信を始めました。遠方のお客様と配信を通してつながれたり、配信を見たご新規のお客様がご来店くださったりと、大きなやりがいを感じています。

（　つくば店　杉本 愛美さん　）

2019年1月入社。つくば店での親身な心地よい接客に感動して入社。コロナ禍でライブ配信にチャレンジして成果をあげる。インスタにも力を入れている。時計修理3級を取得。

先輩社員に聞く

お客様のありがとうが力になります！

高校生の時、母の誕生日プレゼントを購入したのがハピネスでした。その時に対応してくださった方の笑顔がとても素敵で、私もその方のように丁寧にお客様に寄り添える販売員になりたいと、入社を決めました。販売員としての基礎知識やビジネスマナーが学べるのはもちろんですが、商品が多いため、最先端の流行アイテムに日々触れることができるのも、とても楽しいです。社歴の浅いスタッフでも、やる気があればどんどん仕事を任せてもらえ、お客様から「ありがとう」と言っていただけることが何よりの原動力になっています。

（　津南店　川岸 れなさん　）

2022年4月入社。高校生の時、母の誕生日プレゼント探しがきっかけで来店。丁寧な接客を受けて購入したのがきっかけ。

会社のサポートで前例のない育休を実現！

接客が好きでハピネスに入社しました。昨年、2人目の子どもが生まれた時に、1カ月間の育児休暇を取得しました。男性で長期間の育休取得は社内でも初めてのケースでしたが、「いい前例になる」と、会社全体でサポートしてもらえたのはありがたかったです。しっかりした教育制度があり、販売ノウハウのレクチャーや資格取得サポートが充実しているのも当社の強みだと思います。

（ 高知店 副店長　岩本 貴也さん ）

2019年7月入社。2児の父。接客業を経て入社。時計技能士と販売士2級の資格を取得。ジュエリーコーディネーターの資格取得を目指している。

ＳＤＧｓブランドプロジェクト

バングラデシュの製造工場と連携して作った財布や小物入れなどの革製品、ペットボトルをアップサイクルしたサングラス、エシカルなダウンコートなど、オリジナルのＳＤＧｓブランドを展開しています。

私たちは店舗やオンラインサイトで、「ＳＤＧｓなアイテムなので買ってください」という説明はしていません。あくまでも「ハイクオリティでデザイン性も高いアイテムを買ってみたらＳＤＧｓにもつながっていた」ということにこだわっています。

例えば、革小物やバッグで使われているバングラデシュ・レザーは、ヨーロッパの高級ブランドにも提供している優れた技術者が仕上げた高品質の革を使用しています。お客様が毎日使うお気に入りの中にＳＤＧｓをお届けできるようこれからも挑戦していきます。

サステナブルファッションで「リサイクル」「クリーン」「労働者の人権尊重」を目指す

上質な牛本革を使用した革小物

ビーチクリーン活動も行っています

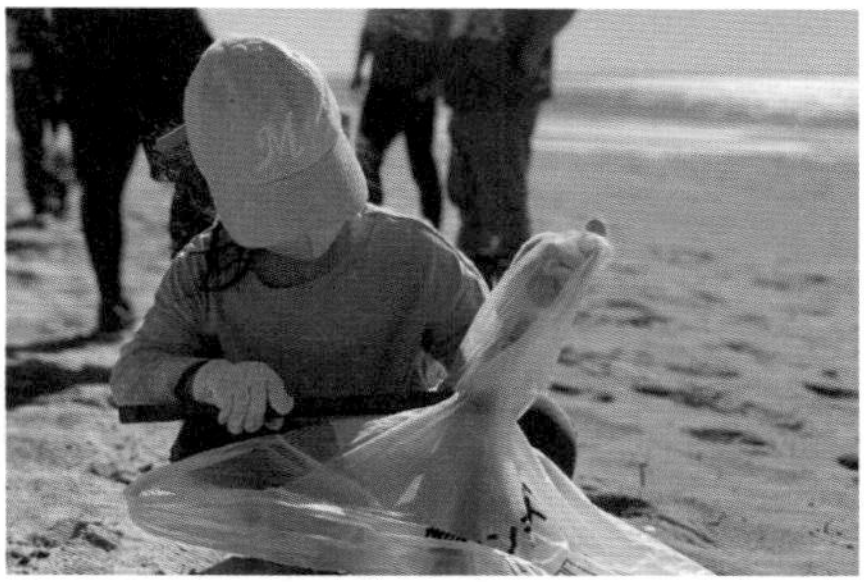

一つひとつ丁寧に仕上げます

こだわりのサングラスはアップサイクルして製造

SDGsブランドで、バングラデシュの雇用を促進

Company File 03

味の素AGF株式会社

コーヒーをはじめとする嗜好飲料とギフトを通じて「ココロ」と「カラダ」の健康に貢献。人とつながり、環境と共生しながら、よりよい暮らしへ

コーポレートスローガンとして「いつでも、ふぅ。AGF®」を掲げる味の素AGF。
コーヒーをはじめとする嗜好飲料とギフトを通じ、Relax（くつろぎ）、
Reset（心の整え）、Refresh（気分一新）の「3R」を提供することによって、
「ふぅ」があふれる社会に向けて、
お客様の「ココロ」と「カラダ」の健康に貢献しています。
サステナビリティの実現に向けた取り組みでは、「人と人とのつながり」
「地球環境との共生」を意識し、あらゆるパートナーと協創。
今回紹介するのは、お客様はもちろん、従業員も取り組みながら
幸せを感じているという味の素AGFならではの試みです。

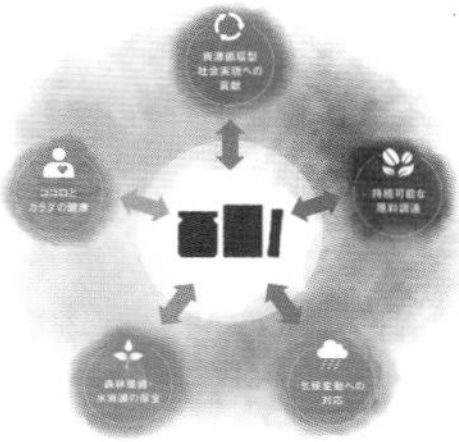

サステナビリティ推進部
企画推進グループ
田口 朋子さん

多様な人財、イノベーションを生む風土へ

激しい環境変化への対応、人財確保の難度が上がっている中、より人的パフォーマンスを高めていくことが重要と考えています。社内向けの取り組みとしては、人財マネジメントにおいて多様化を促進するために「必要人財の充足化／成長化／活性化／安定化」を掲げ、多様性のある社員が働きがいを感じ、イノベーションを自発的に生む風土、個人と組織が対等な関係性で共成長できている状態を目指します。

嗜好飲料メーカーとしての5つの重要課題

2030年までに「環境負荷50％削減（2018年度対比）」および「10億人の健康寿命を延伸」。これが、当社が所属する味の素グループが掲げている目標です。その目標を実現するために、「資源循環型社会実現への貢献」「ココロとカラダの健康」「森林整備・水資源の保全」「持続可能な原料調達」「気候変動への対応」という5つの重要課題を定めています。嗜好飲料メーカーとしては、商品を通じて「ココロ」と「カラダ」の健康への貢献、「3R」の提供によって、ゆとりのある社会の実現を目指しています。

紙包材へのチャレンジを通して味の素AGFが伝えたいこと

「資源循環型社会実現への貢献」に大きく関わるのが、容器包装です。当社の包材設計のベースにあるのは、Reduce（リデュース＝削減）、Reuse（リユース＝再利用）、Recycle（リサイクル＝再資源化）の「3R」ですが、近年はここにRenewable（リニューアブル＝再生可能）を加えた「4R」を意識して取り組みを推進しています。一方で、忘れてはいけないのがお客様の利便性です。環境への配慮を念頭に置きつつ、中身を守る、情報を伝える、使いやすいという包材本来の機能を損なわないよう研究・開発を進めています。

取り組みの一例を紹介しますと、一般的なスティック包装の材料は主にプラスチックですが、私たちは粉末スティック飲料として初めてこの材料の一部を紙に置き換え、プラスチックを減らす取り組みにチャレンジしました。2022年春にリニューアル発売した「ブレンディⓇ」ザリットルシリーズでは、プラスチック使用量を従来のものから約40％削減することができました。このことは製品の二酸化炭素排出量削減に有効です。実用化までには工場の包装工程に何度も足を運び、現場担当者と量産適性を確認、改良に取り組みました。さらに、お客様が商品を使用されるシーンを想定し、私自身が自転車のかごに商品を乗せて凸凹道を何度も往復してみたり、社員にスティックのままビジネスバッグに入れて持ち歩いてもらったりするなど、何パターンもの破れやすい条件を考え、泥臭い実験

※国際的な認証制度であるForest Stewardship Council（森林管理協議会）が認定する、管理された森林から得られた木材を使用した紙

を繰り返し行いました。苦労が多かった分、私にとって思い出深く、愛情深い商品です。

また、「企業がただ一方的にエコに取り組んで終わらせない」ことも意識しています。私たちの商品を手に取ってくださったお客様のうち一人でも多くの方に、当社の環境への取り組みを知っていただき、エシカル消費への意識を高めるきっかけになればと、マークの工夫も社員一同全力で行っています。

当社では、環境へ配慮していることが一目で分かる「ほっとするエコ」マーク表示を導入。２０２２年９月までに、３０９品目の商品に展開しています。「ほっとするエコ」マークには、リニューアブルな材料を使用した「植物性プラでエコ」や「再生プラでエコ」、先述したザリットルのように材料の一部を紙に置き換えてプラスチックを削減した「紙を使ってエコ」、ＦＳＣ認証紙（※）を容器包装に使用した「森林資源保全でエコ」、使用後の分別が簡単な「捨てやすくてエコ」の５タイプがあります。独自の環境マークによるお客様との間接的なコミュニケーションによって、エシカル消費をさらに推進していくのも当社の役割であると考えています。

包材開発部 包材開発グループ
高橋 宏彰さん

180のメッセージにかけた想いは〝さりげなく寄り添う〟

「ココロ」と「カラダ」の健康をミッションに掲げ、大切にしている当社では、一本一本にメッセージの入った「ブレンディ®」スティックを展開しています。仕事や勉強、家事などで一息つきたくて飲むカフェオレや紅茶・抹茶など、そのとき目に入ってくる言葉がお客様の心に届くように、私たちがこだわって制作しているメッセージの種類は180にのぼります。

メッセージ入りスティックの根幹をなす考え方は、「お客様の気持ちに寄り添う」という想いです。ともすると、メッセージは押しつけがましくなってしまうため、商品化の前には一つ一つの内容を関係者全員でチェックしています。「休んだらイイ感じ。」「自分を信じて」「きっとうまくいくよ」「ひと息ついたらもっと飛べそう」など、お客様にさりげなく寄り添えているのが人気の理由だと感じています。また、よりお客様に和んでほしいという意図から、メッセージの隣にアーリーバードと名

一本一本にメッセージが添えられている
メッセージ入りスティック

コンシューマービジネス部
マーケティング第1グループ
三島 紀幸さん

付けた鳥のキャラクターのかわいらしいイラストを添えています。

一息つくタイミングでコーヒーを飲む時にメッセージが心に響いた、受験勉強や就職活動で苦しい時に励まされた、入院中に病室でメッセージを読んで癒されたといったＷｅｂサイトのお客様相談室などを通じた多くのご感想から、「ココロ」の健康に貢献できていることを感じ、非常にうれしく思っています。現代社会では、ついつい気持ちが張りつめてしまう、頑張りすぎてしまう、ということも少なくないため、嗜好飲料と気持ちに寄り添うメッセージで、お客様の生活にゆとりと優しさをお届けできればと考えています。

現在、「ブレンディⓇ」スティックの年間の飲用杯数は約12億杯。それだけ多くのお客様の目に触れる製品だからこそ一本一本に想いを込めています。これからもさまざまなお客様に商品をご提案しつつ、今後はさらに、ひと休みを取り入れる大切さをお勧めするような施策を打ち出していく予定です。

「ココロ」と「カラダ」の健康にまつわる施策としては、その他にも被災地支援のためのドリンクバー設置や、フードバンクへの商品の寄付などがあります。前者は、長期化する避難生活のストレスを少しでも和らげていただくために、災害被災地の仮設住宅集会所に8種類のスティックドリンクが入る什器を設置する取り組みです。後者は、全国6カ所のフードバンクに出荷期限を経過した商品を寄付することで、有効に活用していただいています。

これからも嗜好飲料の力を信じ、「ココロ」の健康をサポートしていきたいと思います。

「ブレンディⓇの森」と名付けた地でのある活動

嗜好飲料メーカーである当社は、水と不可分な関係にあります。そこで、「森林整備・水資源の保全」を目的に、生産工場の拠点である三重県鈴鹿市の鈴鹿川源流および、群馬県前橋市の利根川水系荒砥川源流の一角を「ブレンディⓇの森」と名付け、森づくり活動に取り組んできました。

具体的な活動内容は、社員が自ら行う森林整備です。地域の森林組合やNPO法人の皆さまから指導を受け、間伐、枝打ち、下草刈り、獣害対策のためのネット張りなどを行っています。生産会社で使用する水の涵養のための水資源の保全に加え、社員の環境意識の向上、ステークホルダーと共に地域共生社会に貢献することも目的としています。

この活動がスタートしたのは、鈴鹿が2014年、群

鈴鹿の森にて歩道整備を行う様子。作業を終えたあとは筋肉痛に。

過密状態の森林を間伐する作業。太陽の光が地表に届くように行っています。

03 味の素AGF株式会社

サステナビリティ推進部
企画推進グループ
渡邊 崇さん

馬が翌２０１５年。これまでに合わせて58回の活動を実施し、延べ３５００名以上の社員が参加しています。

実際に体験した社員の９割以上が「環境に貢献できてうれしい」「もう一度参加したい」などと言っており、環境意識の向上につながっている実感があります。

さらに、社員だけではなく、地域や行政の方にも参加していただき、共に汗を流すことで地域共生やファンづくりにつなげています。

そして、この活動は新入社員や若手研修の一環としても活用しています。仲間と協力して体を動かしながら行う森林整備は、普段の研修では体験することのできない貴重な機会となっています。

他にも、森づくり活動は、京都の「上賀茂神社の森」でも行っています。こちらでは、神山湧水を守るために、ヒノキの植樹や森林の整備を実施。境内の一隅には休憩所を設け、有料で「神山湧水珈琲」の提供もしています。

貴重な「国産」の実現へ、徳之島をコーヒー豆の産地に

「持続可能な原料調達」を目的にコーヒー生産国の支援を行っている当社では、その一環として、鹿児島県徳之島における「徳之島コーヒー生産支援プロジェクト」に取り組んでいます。

徳之島では、1980年代からコーヒー豆の栽培が行われてきましたが、さまざまな課題があり、産業として定着するまでに至っていません。そこで、伊仙町、徳之島コーヒー生産者会、丸紅社と協力し、2017年よりプロジェクトを始動しました。社内でメンバーを募集し、現在約10名がプロジェクトに携わっています。

徳之島でコーヒー豆を栽培するためには、現地の気候に合わせた栽培技術の確立が必須です。丸紅社を通じて海外から得た技術的な情報を生産者の皆さまに伝えつつ、人手不足を補うために苗植えや収穫などの活動を支援していま

徳之島では現地の生産者さんと共に作業しています。

コーヒー豆の育成には不利な環境を打開しながら、生産を盛り上げていきます。

す。

また、島でコーヒー栽培をしていることを知らない島内在住の方に向けての活動も行っています。昨年は、当社独自で行っているコーヒー検定の受講生が講師となり、徳之島高校においてコーヒー教室を開催。コーヒー豆の生産過程などを伝えました。そのつながりから、徳之島高校の生徒の皆さまに苗植えのご協力もいただいています。

将来的には徳之島にコーヒー産業を根付かせ、徳之島産のコーヒー豆を使った「JapaNeeds Coffee®」の提供を目指しています。

さらにもう一つ。私自身、徳之島へ何度も出向き、生産者の皆さまとコーヒー豆づくりに励んでいますが、コーヒーを提供する仕事につきながらも原料の生産過程について元々はよく知りませんでした。全社員のコーヒー知識の向上のためにも、より多くの社員を連れて現地に訪れ、実際のコーヒーに触れる機会を増やすことを目指し、活動を続けていきます。

生産統轄部
生産企画グループ
臼井 孝允さん

Company File 04

株式会社アクティオ

建設機械のレンタルとコンサルティングで
住み続けられるまちづくりに貢献

建設・土木業界の建設機械（建機）レンタルビジネスのパイオニア、株式会社アクティオ。お客様の状況やお困りごとに合わせた独自の「レンサルティング®（レンタル＋コンサルティング）」で、国内外の建設・土木業界のさまざまな課題解決に貢献しています。日本全国に拠点を構え、さらに東南アジアを中心にグローバルでも事業を展開。「創造と革新」を掲げ、頻発する自然災害やインフラ整備においても重要な役割を果たしています。

水中ポンプの修理から建設・土木現場の困りごとを縁の下で支える

まちづくりに欠かせない建設機械のレンタルを行っているアクティオは、創業以来半世紀以上にわたり、技術力と発想力で、国内の建機レンタル市場を切り拓いてきました。現在は単純に建機をレンタルするだけでなく、付加価値の高い「レンサルティング（レンタル＋コンサルティング）」サービスで業界を牽引し続けています。

アクティオは、機械の修理工場からスタートし、水中ポンプの修理を請け負うビジネスを始めました。ある日、建設会社から水中ポンプの修理依頼がありました。建設現場で突然故障し、工事が完全に止まってしまったとのことでした。そこで、ポンプの修理を請け負うと同時に工場内に保管していた水中ポンプを代替機として貸し出したところ、お客様から大変感謝されました。この経験を機に、建設機械のレンタルは極めて面白いビジネスになると直感した現会長の小沼光雄が、建機レンタル事業をメインとすることにしました。

水中ポンプの修理事業からビジネスを拡張してきたアクティオの強みは、なんといっても、その技術力と発想力の高さです。当社の建機レンタル事業が「持続可能な社会の実現に寄与する循環型ビジネス」といえるのは、「リプロダクト（再生産）」とも呼べる高い修理・メンテナンス技術により、使用後の品質を95％以上にひきあげてきたからだといえます。

建機レンタルビジネスのパイオニアとして建設・土木業界の循環型社会実現を牽引

近年は限りある資源を大切に使う方法のひとつとして、「シェア」や「サブスクリプション」という言葉をよく聞くようになりましたが、所有に価値があるとされ、かつ「建機レンタル」という概念がなかった時代には、建設会社が自社で建機を所有するケースも多くありました。建機は初期導入費用が高く、億単位のお金が必要な機械もあります。また、建設現場によって最適な機械は異なりますが、それだけの機械を自社でそろえ、常に最善の状態で動かせるようにメンテナンスをしておくことはとても困難です。さらに、建築・土木工事は過酷な現場が多いので、機械の故障修理やメンテナンスに費用も手間もかかり、ここを怠ると大きな事故につながる危険性もあります。1台を使い続ければ廃棄のタイミングを早め、処分にも費用

三重いなべテクノパーク統括工場

広報部 課長
成澤 幸子さん

がかかります。

アクティオの大きな実績のひとつは、こうした建設・土木業界に「所有することより、借りるほうが効率的だ」という意識を定着させることができたことです。さらに、この「循環型」スタイルである建機レンタルビジネスは、地球環境維持にも大きく貢献しています。本体サイズが大きい建機は、1台を完成させるのに、多くの素材や資源が必要です。つまり、建設会社がそれぞれで建機を所有していたら、その量も膨大になってしまうのです。一方、レンタルの場合は、1台の機械をさまざまな現場に送り込むことができるため、機械を有効活用できます。アクティオでは専門スタッフが機械の整備や修理を行い、どの機械も常によい状態で維持していますので、機械の寿命も長く、廃棄や修理・メンテナンスの回数削減も実現できています。

全国各地の拠点に210万台以上の建機でお客様のあらゆる困りごとに対応

どんな建設現場にも、建機を的確に提供するには、提案力・技術力のほかに、さまざまなお客様のリクエストにお応えできるバリエーション豊富なラインナップと十分な保有台数も欠かせません。現在、日本全国に455カ所の支店・営業所と146カ所の工場・センターを設置しているアクティオは、210万台以上の建機を保有し、いかなるリクエストにもお応えできる万全の整備体制を整えています。

有事の際はとくに、迅速な対応が求められます。近年は地球温暖化の影響とみられる自然災害が多発しており、「何十年に一度」レベルの大雨や洪水などの被害も増えていますが、こうした災害時に「住み続けられるまちづくり」を支援するのも、アクティオの使命です。

私たちは各自治体や自衛隊などと連携して、必要な時に被災地にすばやく必要な建機を提供できるよう、さまざまな機械をすぐに使える状態に整備し、全国各地に配しています。

それぞれのエリアに点在する営業所・出張所を結ぶコアとなって、各現場との素早い連携を実現しているのが、全国に6カ所にある総合整備拠点であるテクノパーク統括工場です。万一の際は地域の防災拠点としての役割も果たせる施設となっており、2016年の熊本地震の際は、まだ建設中だった九州テクノパーク工場の一部を、被災地復興のために大量に調達した建機のストックヤードとして活用しました。

環境や社会の課題を解決する建機をそろえる

建設工事では多くのCO2が排出されるため、環境に配慮した取り組みが求められています。アクティオは排気ガスを出さない電動式建機などを取りそろえ、建設現場の省エネと温暖化防止策に寄与しています。最適な既製品がない場合には、メーカーとの共同開発で独自の機械を開発するケースもあります。

また、建設現場の労働人口減少問題にも最新機種で対応しています。例えば、専用のIoTデバイスで機械の充電状況や燃料残量を遠隔地から確認できるサービスや、地上から遠隔操作ができるタワークレーン、3次元データを元に半自動的に設計通りの掘削を行うバックホーなど、最先端のテクノロジーと培ってきたノウハウで、安全・安心・効率化を実現しています。

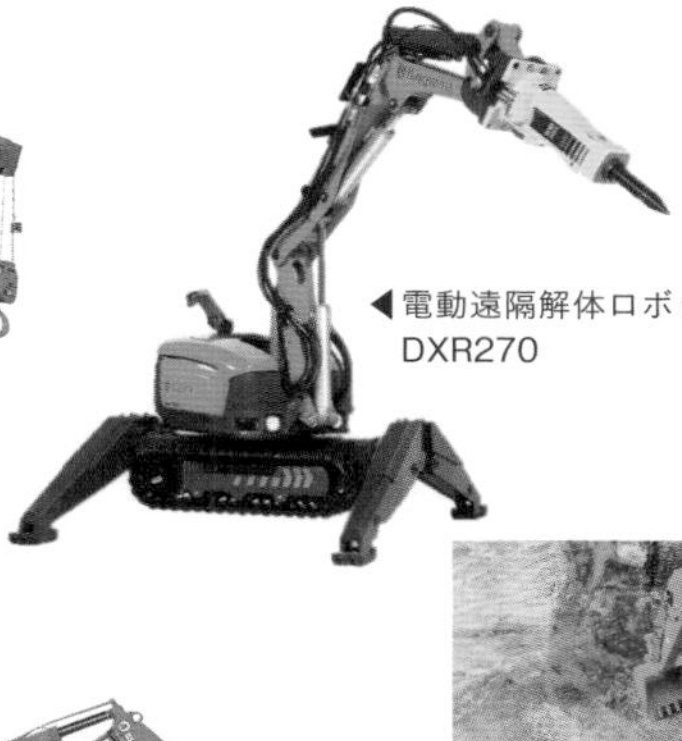
◀電動遠隔解体ロボット DXR270

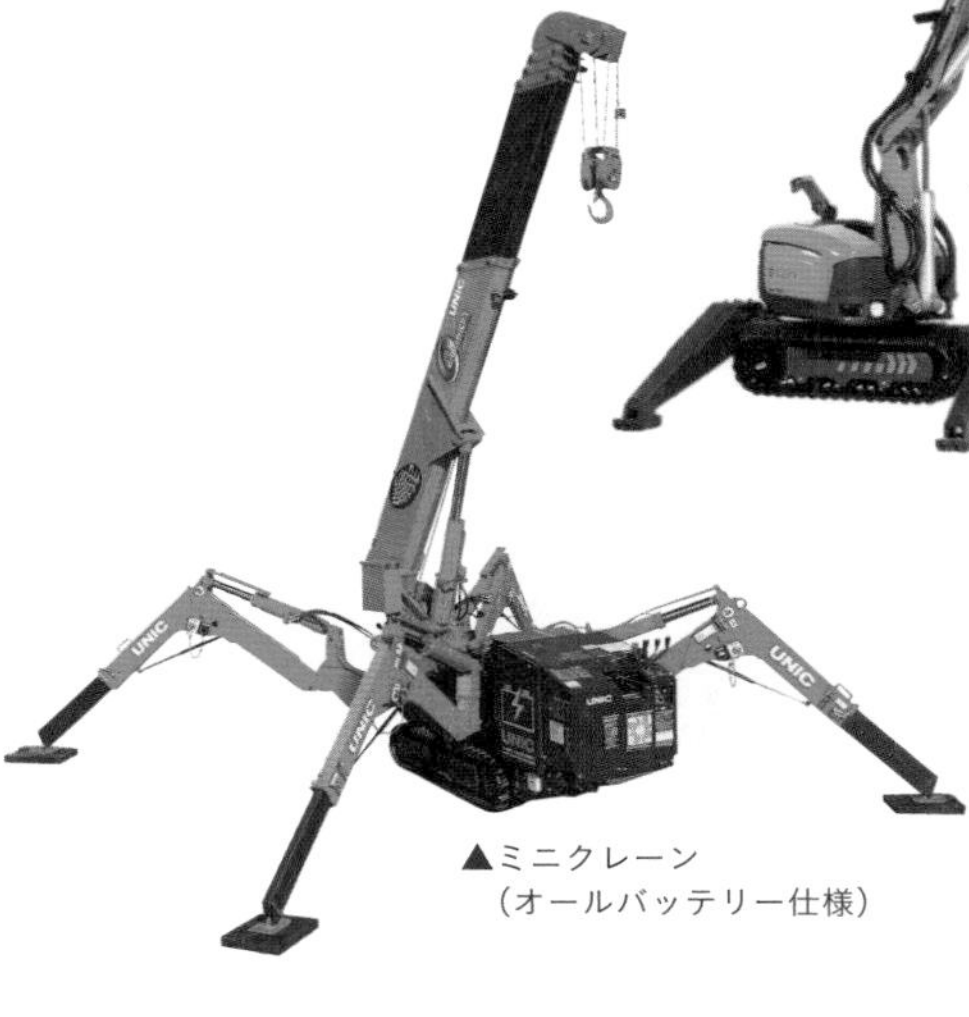
▲ミニクレーン（オールバッテリー仕様）

▲GNSSマシンコントロール3Dバックホー

建機にバイオディーゼル燃料を利用しカーボンニュートラルを促進

近年はSDGｓの機運が高まり、バイオディーゼル燃料を利用したいというニーズが増えています。天ぷら油など植物性廃食用油からつくられるバイオディーゼル燃料は、原料が育つ過程でCO2を吸収するため、CO2排出量が実質ゼロとカウントされる環境配慮型燃料です。しかし、その利用はいまだ建機メーカー保証対象外です。そこで当社はエンジン式発電機を独自に改良し、2年間の実験を経て、B100燃料を使用する「バイオディーゼル燃料専用発電機」を開発しました。現在50台を保有していますが、さらなる拡大を見込んでいます。また、バイオディーゼル燃料の使用をさらに広げるため、お客様を中心にパートナー企業との連携で、軽油に30%混合した燃料（B30燃料）を建設機械に利用する実証実験を進めています。

エンジニアリング事業部
パワーシステム部 部長
山口 利治さん

現場の
脱炭素化に大きく
貢献します！

電力を自給自足し脱炭素社会に貢献する「オフグリッドハウス」「オフグリッドカー」の開発

これからも
新たな付加価値の
提供を追求して
いきます！

産業機械事業部
伊藤 功大さん

オフグリッドオフィスカー

オフグリッドオフィスカー内観

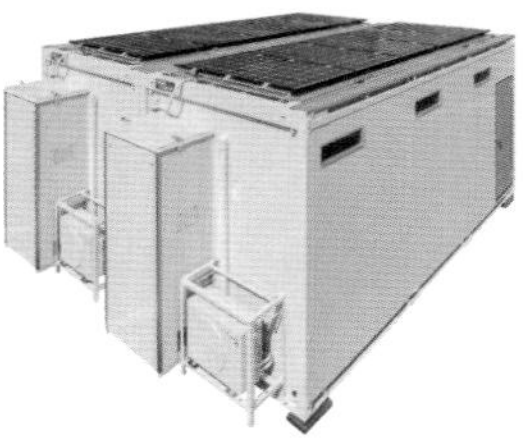

オフグリッドハウス

昨今工事現場の簡易オフィスは省スペース、かつ脱炭素化を求められています。アクティオは屋根に太陽光パネルを積載し、必要な電力を再生可能エネルギーでまかなう「オフグリッドハウス」と、移動もできる「オフグリッドカー」を開発。独立型の電力システムを搭載した「太陽光パネル搭載オフグリッドオフィスカー」は、後方にテーブルが設置された快適な事務スペースがあり、移動と現場での事務所機能の一体化を実現。さらに、エンジンオフ時にもエアコンやパソコンなど各種電気製品の使用が可能となる「オフグリッド」機能をドッキングしました。脱炭素社会に貢献するのはもちろん、電源供給のできない災害時や緊急事態時の防災拠点としても活用が期待されています。

災害時の被災地復興支援に技術力と提案力で立ち向かう

台風による大規模停電時には2日間で500台の発電機を提供

道路が寸断された被災現場にはショベルカーなどで復旧作業に協力

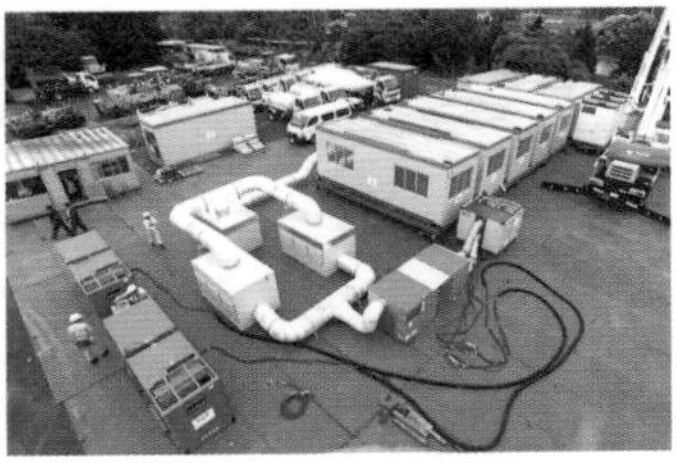

災害発生直後に対策本部を設置し、機材の調達・移送と応援要員の派遣を開始

全国各地に営業拠点を持つアクティオの組織力と技術力が最大限に発揮できるのが、災害時の復興支援です。有事の際に迅速で安定的な機材の供給ができるよう、平時から自治体との関係性を構築し、現在360の地方自治体と直接「災害協定」を締結しています（2023年3月11日現在）。東日本大震災の際には、各拠点からエンジニアが集結し、放射性物質に汚染された砂やコンクリートがれきを安全に吸引、撤去する機械を開発。製作期間わずか2か月で復興現場へ納品しました。このような社員の機動力と情熱に対し、「感銘を受けた」との言葉をよくいただきます。近年は自然災害が年々増えていますが、各所と協力して多様なニーズにお応えできるよう、今後も地域連携を高めていきます。

小学生向けに体験型ＳＤＧｓワークショップを実施
地域と連携しながらＳＤＧｓを次世代に伝える

２０２２年５月には三重県いなべ市との共同主催で、小学生向けＳＤＧｓ体験型ワークショップを開催。テクノパーク統括工場で業界関係者以外を対象としたイベント開催は珍しく、今後の取り組みを広げる第一歩となりました。子どもたちにバイオディーゼル燃料を作ってもらい、自分たちが作った燃料で実際に機械が動く様子を見てもらいました。子どもたちはもちろん、社員もみないきいきと説明していて、両者にとって「質の高い学び」になりました。

また、茨城県の鹿嶋市市民生活部と鹿嶋市教育委員会、鹿嶋市内の小中学校と連携し、ＳＤＧｓや環境教育を学ぶ「環境教育連携事業」にも協力。今後も災害協定を結んでいる自治体と平時から連携し、フェーズフリー＊な社会の実現を目指していきます。

子ども向けSDGsワークショップ
（三重県いなべ市）

子ども向けSDGsワークショップ
（茨城県鹿嶋市）

＊平常時と災害時というフェーズ（状態）を区別せず、日常的に利用している商品やサービスを災害時にも使えるようにすること

Company File 05

株式会社鶴見製作所

人々の暮らしと切り離せない「水」を守りコントロール
100年前から持続可能な社会の実現に貢献

水中ポンプのスペシャリストとして業界をリードしてきた鶴見製作所。
農業や上下水道などの身近な生活インフラから、国が手がける大規模事業、
アミューズメントパークまで、人々の当たり前の暮らしを支えるポンプ製品や
サービスを提供しています。「水と人とのやさしいふれあい」を
経営理念に掲げ、世界トップクラスの技術力で、
目に見えない部分でさまざまな産業を支え、快適な環境を守っています。

100年にわたり、人々の「当たり前」を守ってきた水中ポンプのスペシャリスト

鶴見製作所は、私たちの暮らしと切り離せない大切な「水」を守り、コントロールする技術を水中ポンプで世の中に提供している、「水中ポンプのスペシャリスト」です。

鶴見製作所の創業は1924年。もっと農家の暮らしが楽で豊かになるような農業機械の製造・販売事業を興そうと決意し、創業しました。きびしい重労働を強いてきた足踏み水車に代わって揚水を行う灌漑用のバーチカルポンプの開発から、以来100年にわたり、一貫して水利用技術の開発と創造に取り組んでいます。現在の主力の水中ポンプ事業は、「海外から水中ポンプというものがきたけど、作ってみないか」と声を掛けられたことがき

農業用水を用水路にくみ上げるバーチカルポンプ

ポンプは社会を
基盤から支えており、
日常生活を守るために
欠かせません

執行役員SDGs推進部長
辻本 晃利さん

っかけでした。製品の試作、改良を重ね、1953年に最初の水中ポンプの製造販売を開始しました。いまや建築・土木から農業、河川、上下水道、環境装置など、あらゆる領域で活躍する「ツルミポンプ」は、日本国内から全世界的まで高く評価されています。

当社の製品やサービスは、水を安全に使い続け、持続的に循環させていく重要な役割も果たしています。アメリカ、ヨーロッパ、アジアを核に世界で活躍する私たちの製品は、世界を活発に動かし続けるための「心臓」のような存在だと考えています。限りある水資源を有効に使い続けるためにも、私たちはこれからも技術力を磨いていきます。

創業１００年に向け「ＳＤＧｓ推進部」を創設

２０２４年に創業１００周年を迎える当社は、２０２１年にＳＤＧｓ推進部を立ち上げ、鶴見製作所が進むべきＳＤＧｓの方向性を部署横断で推進しています。そのために「For The Earth, For All The People」というブランドスローガンの下、さまざまな取り組みを進めています。具体的には、サプライチェーン排出量の把握や、太陽光発電設備の導入推進や取扱説明書の電子化といった環境負荷低減の取り組み、気候変動リスクに対応していくための製品を企画するなど、地球や人々の生活の持続性も踏まえて当社も持続的に成長していくため業務に注力しています。

創業時からこれまで一貫して、人々の暮らしや産業を縁の下で支え続ける重要な役割を担ってきた当社ですが、近年は道路排水や内水排除を行うインフラそのものとし

（写真）排水機場のポンプが排水する様子。河川本流の水位が上昇するような大雨の際は、奥の水門が閉まり、支流側の水はポンプにて排水される。

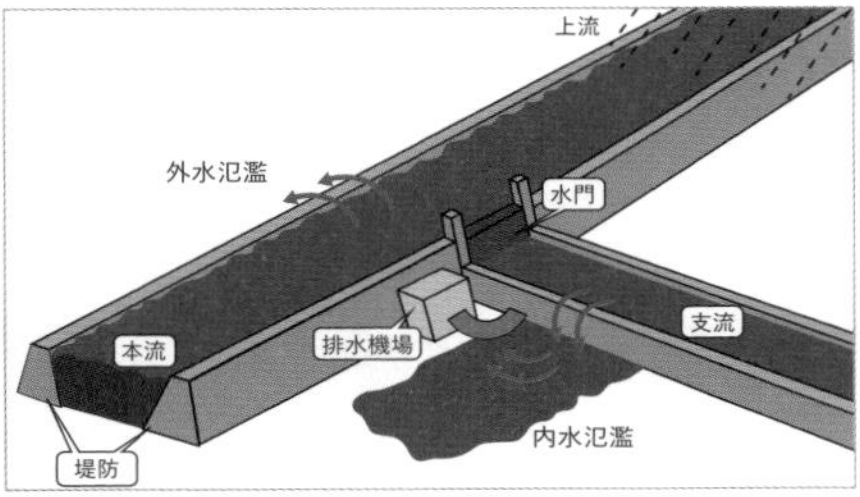

（図）内水氾濫のイメージ
豪雨等によって河川本流の水位が上昇する場合は、支流への逆流の恐れがあるため水門を閉じます。この時、支流の水（内水）が行き場をなくすため内水氾濫が発生します。内水を排水機場のポンプ運転によって本流側に排水することで内水氾濫を防ぎます。

て、当社ポンプの重要性が高まっているのを感じています。よく天気予報で耳にする「降水量」は、一昔前は時間当たり30㎜程度で大雨と言われてきました。しかし、昨今は温暖化の影響を受け、時間当たり50㎜以上の大雨が頻繁に発生します。その対策として、雨水排水ポンプ場などのポンプを活用した地域の雨水排水機能の整備を行うことで、河川の氾濫などによる深刻な被害を最小限に抑えることが可能になります。また、浸水が懸念される河川の小さな支流や工場、事務所等に可搬式のポンプを設置し、雨水排水機能を強化することで、場所に応じた災害対策につながります。こうした背景から、最近は自治体や建設・土木関連事業の皆さまへの自然災害防止対策への意識啓蒙にも力を入れるようになりました。頻発する自然災害を事前に防ぐ手段として、水中ポンプの活用が広がることを期待しています。

「世の中に当社の製品が増えれば増えるほど、快適で持続可能な社会の実現に近づく」と信じ日々挑戦を続ける鶴見製作所。環境貢献型の機械の使用比率を高めていくことは、S

SDGs推進部シニアスタッフ
田中 雄基さん
全国に営業所を配置し、お客様に寄り添った製品・サービスの提供が強みです

ＤＧｓの「つくる責任、つかう責任」にあてはまると私たちは考えています。

日本と世界の人々の生活を支える「ツルミポンプ」

当社は、明石海峡大橋建設や関西国際空港などの大規模プロジェクトから道路・施設などの建設や災害復興など、インフラ整備と共に成長してきました。その中で、当社独自の強みとして、全国どこでも２時間以内に駆けつけることができる体制を築き上げてきました。北海道から沖縄まで１０支店全国に４２カ所の営業所を構え、お客様のもとにいち早く製品を届け、お客様に寄り添い、課題を解決できる製品づくりを行ってきました。例えば工事現場などで、水を排水しきってもポンプが運転しっぱなしという状況を解決すべく、水位に応じて自動で運転・停止ができるポンプを販売しています。今後は、ＣＯ２排出量の削減、地球環境の持続性に貢献できることから、自動型の製品を顧客に対して持続性の観点を持って提案していきます。また、場所に応じた災害対策として、自治体や建設機械のレンタル事業者とも連携し、初期費用を抑えて必要な時に必要な機器を導入いただける「レンタル」の普及にも力を入れています。導入のハードルを下げるレンタルを活用することで、より多くの場で当社製品をご活用いただき、地域を守る取り組みにつなげていきたいと考えています。海外でも、当社の水中ポンプの耐久性の高さとメンテナンスの容易さが評価され、鉱山市場や建設工事現場、水処理施設などで広く使われています。

活躍フィールドの広さが醍醐味

当社のポンプの活躍のフィールドは多岐にわたります。建築・土木、農業、河川、上下水道はもちろんのこと、テレビ東京系列放送の「緊急SOS！池の水ぜんぶ抜く大作戦」番組制作にも協力しています。番組内では、水中ポンプをはじめとする各種ポンプ・高圧洗浄機などツルミ製品を通じて、手付かずの池を綺麗にするなど最適な水環境整備のお手伝いをさせていただきました。また、2020年には日本初の人工のカヌースラロームコースに当社の製品が納入されました。高さ5m強、重量約10トンの巨大な水中ポンプが1秒間に4㎥の水量（25mプールを約1分間で満水にできる能

東京五輪スラローム会場とポンプ

ポンプは人々の生活を豊かにすることにも貢献しています
SDGs推進部
堀 美鈴さん

やりたいことを
どんどん後押ししてくれる
会社です

社長室人事グループ
人事戦略課課長
山口 篤さん

力）を排出することで競技に必要な激しい水流を生み出しました。

海外でも既に当社製品は多く活躍していますが、近年はベトナムで工場を設立、南アフリカ・オーストラリア市場にも進出し、働くフィールドが拡大しました。日本国内のインフラのみならず、国内外のさまざまなところで、その人に応じた働き方が可能であり、活躍の場が多く備わっています。

「やりたい」を叶えられる職場です

当社の掲げるブランドスローガン「For The Earth, For All The People」のPeopleには、お客様やサプライヤーはもちろん、当社の従業員も含まれています。当社には、努力の結果が公平に評価され、能力を最大限に発揮できる人材育成と人事評価の仕組みが整っています。配属先の職場では、ＯＪＴ（オンザジョブトレーニング）を通じてバックアップ。成果と成長に応じて「役割と等級」が定められ、さらに大きな仕事に挑戦することができます。ユニークな教育制度も当社の特徴です。業務に不可欠なポンプの基本知識や商品知識、ビ

金融教育も充実。
従業員のことを真剣に
考えてくれる会社です

社長室人事グループ
人事戦略課
渋川 ひなのさん

ジネスマナーに加え、社会人として生きていくための金融教育は、他では得られない貴重な経験です。給与明細の見方から年金の基礎知識、資産形成についてなど、マネーリテラシー教育にも力を入れています。特に確定拠出年金（DC）の継続教育につきましては、導入当初から社員への理解度を上げるため、就業時間後や昼休み、動画の配信などを使って社員教育を進めておりましたが、それでは一部の限られた人たちにしか参加してもらえず、より多くの社員に参加してもらうために人事の担当者自らが講師となり全国の職場を回り、就業時間内に対面でセミナーを開催しました。その結果、参加率が大幅に上昇し、資産運用への理解度が格段に向上したと同時に、資産の運用成績も世間水準の平均を上回る結果となりました。これらの活動が世間にも評価されることになり、当社は2019年度の「DCエクセレントカンパニー」の表彰企業に選ばれました。また、誰もが働きやすい環境整備の一環として、男性社員の育休取得推進にも力を入れています。社長自らがポスターに「出演」して育休取得

や働き方改革を推進しています。3年前までは男性社員の育休取得率が0%であったのが、２０２２年は60%まで急上昇し、職場の理解もどんどん進んでおり、今後もまだまだ伸びる傾向にあります。当社は、性別、年齢、価値観などの多様性を受け入れ、広く人材を活用して生産性を高めるダイバーシティにも積極的に取り組んでいます。定年後の継続雇用者への処遇の見直しや障害者の雇用も積極的に進め、最近はアジアを中心とした外国人社員の方の採用も増えています。

創業時からずっと人々の生活に寄り添い、水問題の解決に寄与してきた当社では「人々の暮らしを支えたい」という想いを何よりも大切にしています。

近年は「社会に役立つ製品をつくっているから」という理由で当社に入社を希望する学生も増えました。変化の激しい地球環境や社会情勢に臨機応変に対応すべく、変化や失敗を恐れず、常に挑戦することのできる方は、当社の社風に合っていると考えます。皆さまの情熱で、持続可能な社会をぜひ一緒につくっていきましょう。

大事なのは情熱。情熱がないと前には進めません

社長室人事グループ
グループ長 **吉井 康富**さん

Company File 06

株式会社ラクーンホールディングス

距離や時間、業種を超えた公平・公正なマーケットプレイスを提供、事業を通じて社会課題の解決に貢献

代表取締役社長 小方功さん

「企業活動を効率化し便利にする」を理念に掲げ、企業間取引（BtoB）における新しいインフラを創造、提供しているラクーンホールディングス。BtoBの卸・仕入れサイト「スーパーデリバリー」を事業の軸に、決済、保証、越境ECなど、時代に即した問屋的仕組みを考案、そのDX化を進めて地方創生にも力を注ぐ、革新的な企業です。

新しい問屋の業態は、約800年前にお手本が

当社の創業は1993年、私が前職の都市計画エンジニアを辞め、一人で輸入販売業を興したのが発端です。創業当時、とある不運で輸入品の過剰在庫を抱えた経験があり、その時に「在庫はなぜ発生するんだろう?」と考えたことが、B to Bにおける新しいインフラの創造と提供という、今の業態の原点になりました。

過剰在庫という苦い経験を経て、在庫と流通に深い関心を抱くようになったのですが、当時いろいろ調べても、在庫の問題を真剣に考えている人は一人もいない状況でした。人に尋ねても、「暗い話題で興味がないから、誰も研究していない」と、にべもない。そこで、自分で「在庫を科学する」ことを始めたんです。調べて、分析し、仮説を立てる。私が元々、理系のエンジニアで、物事を科学することが得意なことも幸いしました。

そうやって調べていくと、メーカーは「たくさん購入して返品しないのがいい小売店」と言い、小売店は「在庫をたっぷり用意して、1個単位で卸してくれるのがいいメーカー」と言う。つまり両者は利害が一致せず、在庫を押し付けあっていたんです。そこには「最大最適」ということを考える人がいなかった。私からすれば、その解決策を考えることが、やりがいのある仕事に思えたというわけです。こうして、当社の事業の軸となる、B to Bの卸・仕入れサイト「スーパーデリバリー」が誕生しました。

「スーパーデリバリー」は、アパレル・雑貨を中心とするメーカーが、卸販売したい商品をサイトに掲載、その商品を求める事業者が小ロットから仕入れをできるサービスです。事業者は通常、商品をメーカーや問屋の実店舗から仕入れますが、メーカーにとって取引実績がない事業者や小規模事業者との取引は、与信判断の手間と代金未回収のリスクを伴います。しかし「スーパーデリバリー」では、サイト側が商品の代金を回収するため、メーカーは与信管理の手間も代金未回収のリスクも回避できます。

一方、資金の少ない小売店は、通常の取引では信用が薄いと見なされ、特に最初は現金先払いとなりがちです。でも、これでは経済が発展しません。そこで「スーパーデリバリー」に、誰もが使える決済機能を持たせたのです。顔を見たことのない他人同士でも、支払いの保証をする機能があれば、真面目な人がいい商売をできるはず。そう考えたのです。

さらにインターネットを通して仕入れができれば、小売店はかつてのように、一日休んで展示会や問屋をいくつも巡って仕入れをする労力が省けます。メーカーと地方の小売店の間に物理的な距離があっても、それが小売店に不利に働くこともなくなります。

このサービスは、実は約800年前、近江の国（現在の滋賀県）の商人が始めた問屋の業態とよく似ています。近江の商人は、例えば京都の反物を、東北などそうした商品がない地域へ持って行きました。先方の小売店ではその品を仕入れたいものの、先立つ代金がない。そこで近江商人は、「これはきっと売れるから、1カ月後にまた来ます。売れなかったら、その時は持ち帰るので」と、商品を置いていったんです。これはおそらく、史上初めての掛売りです。そして商品を自分で届ける、これは物流にあたります。つまり近江商人は、決済と物流の機能を同時に備えた初の中間流通業者だったのです。

ちなみに今、問屋という業態は衰退の一途を辿っています。しかし私は、これをインターネットで解決できると思っています。問屋の機能は、「これは新商品です」と伝える情報と、自分で運ぶ物流、そして決済の3つに分解できます。その内の物流は今、専門業者に委ねられるので、情報と決済の機能が重要になってきます。昔ながらの掛売りは、実は物理的・心情的に近い人同士でないと成立しにくい商習慣で、近代社会では実用性が乏しくなっています。当社が決済を事業化したことには、そんな背景もあるのです。

立地に依存しないビジネス機会の創出で、地方創生

ところで日本の流通の商習慣は、世界的に見れば特殊です。例えばアメリカなら、買った商品は小売業者が自ら集荷して回るのが常識ですが、日本は問屋が届けてくれます。その理由は日本の国土が縦長で海に分断されており、流通面で不利だから。昔の問屋が船を使った廻船問屋であったのは、そのためです。

現在、日本のメーカーが東名阪に集中しているのも、流通の都合上、日本の真ん中にある必要があるからです。そして商品を広く売るには、日本中に営業所を作る、あるいは遠方

への営業が必要になりますが、それでは負担が増すばかり。それを解決するのがインターネットで、これは物理的距離が遠ければ遠いほど、パワーを発揮してくれます。

実際に「スーパーデリバリー」を利用する小売店の会員数は、東京・大阪以外の地域が7割を占めています。立地的に不利な地方や離島でも、都心と変わらぬ品揃えができるため、情報格差もなくなります。例えば東京・渋谷におしゃれな店があっても驚きませんが、それが離島にあったらどうでしょう？　望むなら、それが数日で実現可能になるんです。これは販路を拡大したいメーカーにとっても、大きなメリットになるはずです。

販路の拡大で言えば、当社は2015年から「SD export」という、B to B向けの越境eコマースサイトも手掛けています。これは国内に販売するのと同じくらい簡単に輸出できるサービスです。詳しくは担当者が後述しますが（102P参照）、貿易の手続きは複雑で、かつては中小企業が参入しにくいものでした。しかし最近では、日本の瀬戸物や漆器の作り手などからもよく相談を受け、地方創生の面からもサポートをしています。

当社の理念は「企業活動を効率化し便利にする」ことで、機械ができることは人間が無理してやる必要はないと思っています。自動化できるところはそれを推進し、人間らしい時間をたっぷりと確保する。これからの時代は「量的」な努力ではなく「質的」な努力が求められます。誰かと会ったり、趣味を大切にしたり、こうした豊かな時間が、いいアイデアにつながっていくのです。それを社内から実践し、ほとんどの社員は午後7時には業務を終えて退社します。

今は仕事を選ぶ時代で、人生は働くためだけにあるのではない。我々は人生を楽しむために働くべきですが、仕事にも意味を求められるといいですよね。それなら、やはり世の中の役に立つ方がいい。ただ、職業に上下はないですし、一人ずつ持って生まれた違いや多様性をリスペクトする会社でありたいと思っています。そして社員が志高く、夢を語る会社であって欲しい。

そんな社員が集う会社としては、次の世代に残る事業を興したいと思います。次代に残るということは、社会の巨大なニーズと付き合うことを意味します。社会的ニーズが大きければ、それは大義という言葉になります。その時、会社は会社の規模を超えて産業になるのです。

それは周りに与える影響がとても大きいですよね。そして、自分の代では終わらないかもしれない。ですから、この事業に理解を示す人を探します。見つかれば嬉しいですから、育てますよね。そんな好循環のためにも、高い志を持つ若者と、一緒に働いていきたいと思っています。

一番よく考えるのは、
お客様が何に
困っているか

「SD export」の皆さんに聞いてみました！

日本から海外へ販売するにはとても高いハードルがあります。海外小売店の集客、契約書、輸出の知識、破損の対応、決済手段、裁判などになった場合のPLリスクなど様々です。SD exportはこれらを全て代行するサービスで、出展するメーカーは初期費用無料で、国内に販売するのと同じくらい簡単に海外に販売することができます。

海外販売や越境ECというとひとくくりに“海外”と思われるかもしれませんが、国によって商習慣、通貨、決済手段、言語による表現方法、売れ筋、配送手段などの全てが大きく異なります。例えば、日本と違って配送の遅延は当たり前に発生しますし、到着した荷物が壊れていることもあります。また、配送や通関は政治や社会情勢などの外部要因に大きく左右され、法律や方針が変わるたびに通関ができない商品が発生します。サービスを運営しているとこうした様々な課題に直面しますが、最大リスクを考慮したうえで、できるだけトラブルを楽しむようにしています。

今後の目標は、日本の全てのメーカーに、海外販売する際にはSD exportを利用してもらうことです。そして、国内の市場よりも大きな市場を作りたいと考えています。そのために重要なのは各国に合わせたローカライズです。国ごとに日本と同じような市場があり、日本と同様のパワーやリソースを使わなければ拡大はしません。そのため1カ国ごとに販売量を増やし、海外全体の市場を伸ばしていきたいと考えています。

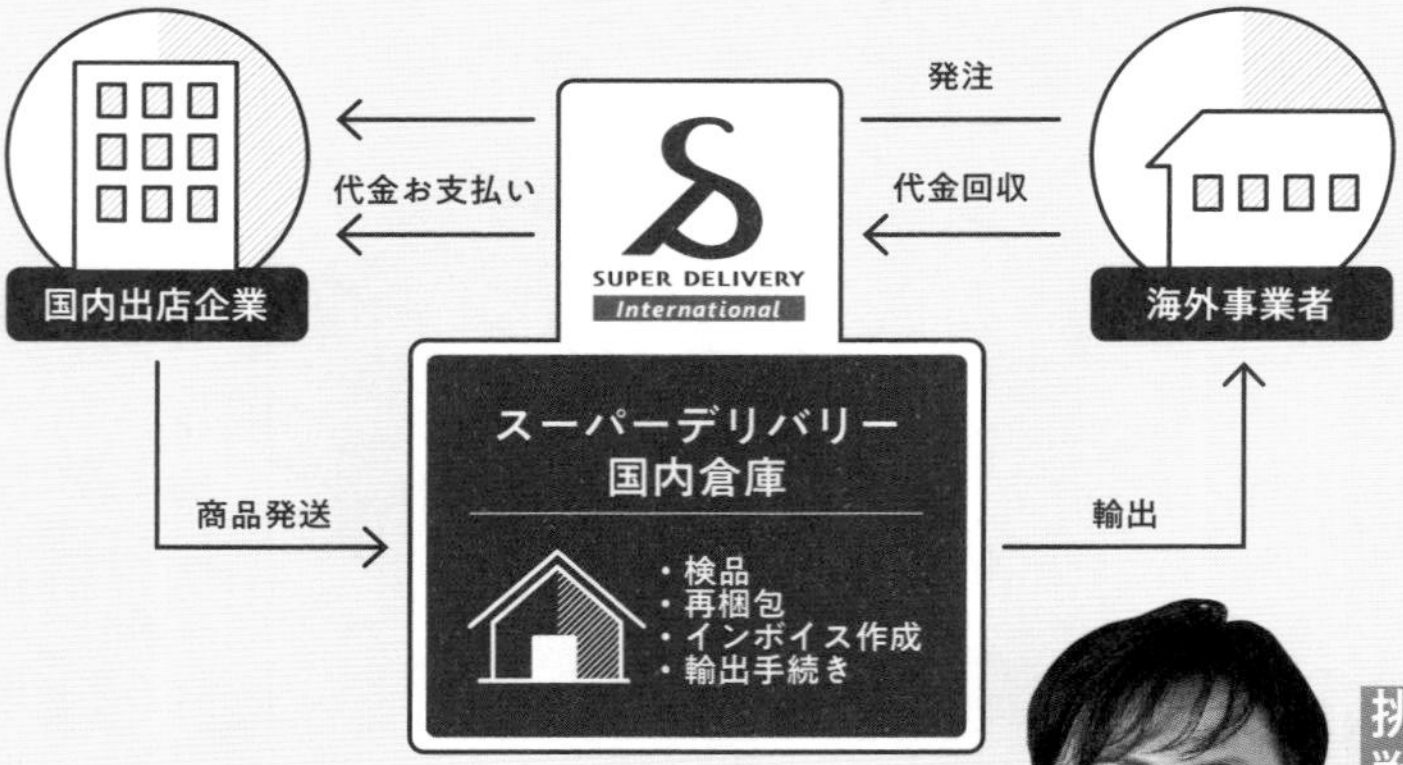

「SD export」のフロー図

高いハードルをクリアして挑戦し続ける！

ラクーンコマース
グローバル戦略部長
元 健一郎さん

地方創生に貢献する越境EC仕事のやりがいを

香港MD（マーチャンダイザー）としてデータ分析、広告プロモーション、イベント企画などを行っています。イベント企画は、需要調査をして、0から企画し実行まで行います。結果が出るまではとても大変ですが、毎回新しいことにチャレンジすることができるので、非常に楽しさを感じています。

最近の仕事では、海外から仕入れをする会員に向けて、日本企業の新商品を紹介するオンライン展示会を開催しました。ライブコマースは中華圏で流行っているので、これはSD exportの会員にも応用できるのではないかと考え企画しました。展示会は大型イベントになり、企業とのやり取りから企画の詳細決め、プロモーションのスケジュール調整、内容作成など、やらなければならないことが多く大変でしたが、無事にやりとげることができ、結果も満足できるものとなりました。

大変ですがやりがいがありますし、ワークライフバランスをとれることも、この会社のいいところだと思います。今後は世界中で「ああ、あのサービスね」と当たり前に知られていて、多くの企業に利用されている、そんな姿を実現させたいと考えています。

ライブコマースの大型イベントを実施！

ラクーンコマース グローバル戦略部
鄭 瑩さん

日本で作り出された良い商品を世界中に届けるお手伝いをできることが最大のモチベーションです。また、エンジニアとして、輸出で起きる現実の問題をITの力を使って解決できた瞬間が最高です。

SD exportは70万商品を超える多品目を扱っていますが、販売時は多品目の商品を少しずつ発送するケースが多く、送料が高額になってしまう問題がありました。そこで実際に倉庫に行き確認してみると、箱数が増えるほど非効率になり、複数の商品を1つの箱に詰める工程に問題がありそうだと分かりました。品目数が増えていくと隙間が増え、箱のサイズが大きくなってしまうのです。そこで1つの箱に詰める品目数が増えすぎないようにシステムを変更したところ、同量の出荷でも送料を抑えることに成功しました。これは効率的に配送できるようになったことの証です。システムの変更で、現実の課題を解決できたのです。

国籍も育った環境も違う、持っているスキルが違う、ラクーングループには多彩な人がいます。みんな違うなかで、お互いが働きやすいようにしていることが伝わってきます。課題は山積みですが、多彩な仲間たちと協力し、日本のメーカーの良い商品を世界中に、簡単に、そのままの魅力を伝えられるプラットフォームにしていきたいです。

日本の良い商品を世界へ届ける！

ラクーンホールディングス 技術戦略部 チームリーダー
下田 啓太郎さん

エシカル消費を促進して社会に貢献！

私は子育て中ですが、一部のおいしいモノや美しいモノの先に児童労働が存在していることを知ったときは、とてもショックでした。時に残酷な現状を知ることで、心が重くなることもありますが、それを打開すべく作られたエシカルな商品を紹介するのはとても有意義なことだと感じています。

2021年からスーパーデリバリー内に「エシカルコレクション」特集ページを開設しました。ファッションから雑貨、食品まで、エシカルな商品を一挙に集めてご紹介しています。商品数は8,353点、メーカー企業様の数は196社です（2023年3月時点）。「フェアトレード」「支援・寄付」（寄付付き商品や支援につながる商品）「環境」（リサイクルやアップサイクルなどサスティナブル商品）「オーガニック」「ヴィーガン」のカテゴリーで商品を紹介しています。

今担当しているエシカルの分野は、環境や社会などの問題を解決していこうというテーマ性があります。エシカルな商品を販売するメーカー企業様への取材を通して、企画背景や工夫をお聞きすることもありますが、どれも興味深いことばかりです。これからは「エシカルな商品の仕入れや情報を探すならスーパーデリバリー」となるように、商品拡充だけでなく、取材や企画を通して情報発信も大切に行っていきたいです。エシカルってよくわからない…。何から始めたらいいんだろう？と悩まないように、エシカルな商品をお店で販売する事業者様を応援するような存在になっていきたいです。

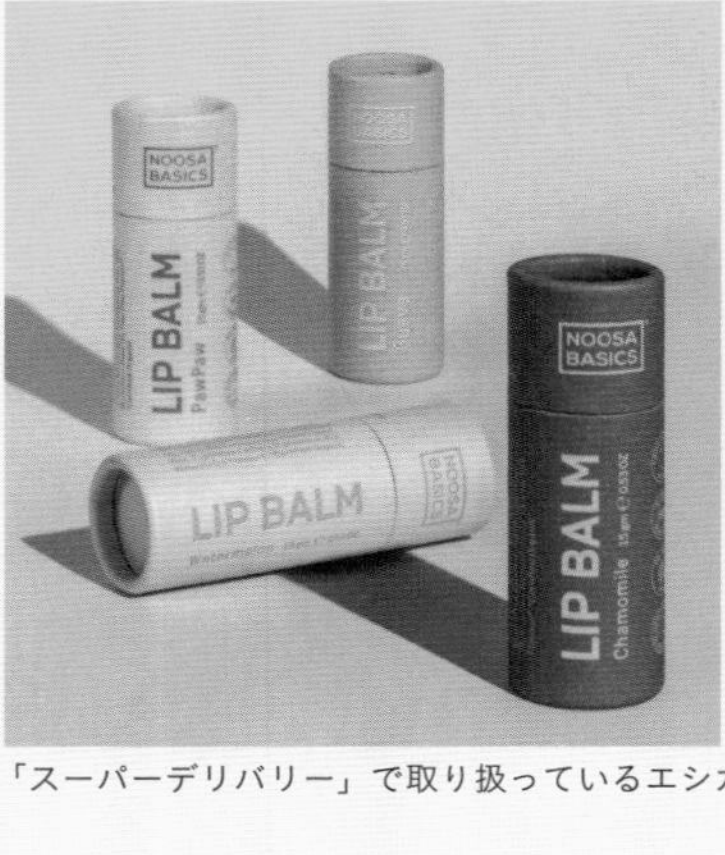

「スーパーデリバリー」で取り扱っているエシカル商品の例

ラクーンコマース
プロモーション
マネージメント部
霜越 恭子さん

社員のコミュニケーションを高めて組織力を醸成！

ラクーングループは「組織力」を大事にして、コミュニケーションが自然と生まれるような環境づくりを心掛けています。気軽に相談ができる関係性があることや、適切な人に適切な相談をできることが業務の生産性を向上させることにつながるというのはもちろん、困難や課題が時に、「何でもできるひとり」より「いろんな能力を持っている人がたくさんいる」ほうが、組織を強くすると考えているからです。仕事をやる以上は時に議論をぶつけ合うことや、必要な指摘をするシーンもあるので、「仲がいい」というだけでなく信頼関係ができたうえで、言いたいことを言い合えるような関係性の土台を作っています。

コロナ禍で、在宅勤務と出社を併用したハイブリッドな働き方に移行しました。そのなかで改めて対面でのコミュニケーションの重要性が認識され、その象徴となるようなスペースが必要になりました。そこで会社のワンフロアを交流会やサークル活動などの交流を目的としたイベントが開催しやすいようにリニューアルしました。在宅勤務が増え、新入社員と既存社員との接点が減ったことから、特に新入社員の方々にはリアルとデジタルも活用しながら、一人でコミュニケーションをとっていけるようにサポートをしていきたいと考えています。ダイバーシティを推進し、部署や世代、性別や国籍を超えて、社員同士が相互に信頼関係を築いていけるような環境づくりを目指しています。

交流スペースで食事をつくって和気あいあいと。

ラクーンホールディングス
社長室長
濱田 暁彦さん

Company File 07

株式会社NEWOLD CAPITAL

M&Aで企業という名の社会的資源の循環を推進
経済的課題を解決し、サステナブルな社会の実現を目指す

「企業と人の成長を実現する」というミッションを掲げ、
中小企業のM&Aに取り組んでいるNEWOLD CAPITAL。
企業を社会的資源と捉え、M&Aによって循環させ、
事業継承などの社会課題の解決を推進している。
サステナブルな社会構築に寄与するM&Aとは？

M&Aで社会的資源を循環させ、サステナブルな社会へ

NEWOLD CAPITALは、2022年に創業したM&Aアドバイザリーファームです。創業メンバーは、大手M&Aコンサルティング会社において、長年にわたりM&Aの仲介支援をしてきました。社名の「NEWOLD」という言葉は造語で、NEW=皆が望む未来に向かうために、OLD=企業や人の持つ歴史を大切にする、つまりは温故知新に重きを置くマインドを表現しています。ミッションとしては「企業と人の成長を実現する」という言葉を掲げ、日々の業務に取り組んでいます。

M&Aという職業について、読者の皆さんはどのような印象を抱いているでしょうか。業務内容はさておき、成果報酬でインセンティブの比率が高いイメージをお持ちではないでしょうか。確かに、職業別の年収ランキングにおいて、大手M&A仲介会社が上位にランクインしているのは事実ですが、こと業務内容となると、外資系大手の投資銀行(IBD)が行っているM&Aと、私たちが主戦場とする中小企業向けのM&Aは明確に異なります。

そもそもM&Aとは「Mergers and Acquisitions(合併と買収)」の略称で、複数の企業・事業を一社に統合し、新たな組織や資金を通じて価値創造を行う経営の取り組みを指します。私たちはM&Aを支援するアドバイザーの本質について、事業の継続をサポートすることで企業価値を高めることにあると考えています。

企業は資源そのもの。
M&Aによって
事業承継問題を解決
代表取締役CEO
栗原 弘行さん

ここで、私たちが行っている中小企業向けのM&Aについて説明します。前提として、現在日本では、少子高齢化に伴う事業承継問題が大きな課題となっています。経済産業省および中小企業庁の「中小M&A推進計画」では、向こう10年で約60万社が黒字廃業すると予測されています。人々から必要とされている中小企業、つまり「社会的資源」の喪失は、あきらかに日本の国力を弱めることにつながります。このような状況下にあって、中小企業向けのM&Aに対するニーズは年々高まっており、私たち自身、日々の業務でお客様にお会いするたび、その需要の高まりをひしひしと感じています。需要の高まりに比例して、M&A支援業者も急速に増加しています。参入障壁が低いビジネスであるため、多数の企業がM&A支援機関に登録するようになったのです。そんな中、私たちはM&Aを成約させ、社会的に意義のある中小企業を存続させ、再成長させていくことに価値を見出しています。先ほど、未来に残すべき価値のある企業および事業を「社会的資源」と表現しました。中小企業が長い時間をかけて蓄積してきた貴重な資産、つまりは社会的資源をM&Aによって循環させる。過疎化が進む地域において、M&Aによって元気な企業を生み出し、まちを活性化させる。私たちは、M&Aという事業そのものが、サステナブルな社会を構築するために必要な取り組みであると自負しています。

M&AとSDGsの関わりを大枠で考えると、国連によって定められている17項目のうち、「働きがいも経済成長も」「住み続けられるまちづくりを」「パートナーシップで目標を達成しよう」といった目標が当てはまると言えるでしょう。

十分な教育と女性アドバイザーの積極採用を推進

M&A業界は急速に成長しており、各企業が積極的に人材を採用しています。アドバイザーが増えることは望ましいのですが、業界の規模の拡大するスピードがあまりにも早いため、教育面が追いついていないという側面があることも事実です。

大切な資源を持っている経営者の皆さんは、知識があって信頼できるプロフェッショナルなアドバイザーにM&Aを任せたいと思っています。一方、新しく参入してきたプレイヤーは、成果主義的なインセンティブ制度の影響が色濃く残る業界において高い報酬を得るために、売買のみを重んじる傾向にあります。しかし、本来のM&Aとは売買を成立させたのちに始まるものなので、成約ありきのM&Aは、社会的資源を循環させていくことへの妨げになります。

経験が浅く若いアドバイザーには、十分な教育が必要です。しかし、成果主義が行き渡る業界ゆえに、経験豊富なアドバイザーは自身のこと以外に時間を割く余裕がなく、またノウハウをオープンにすることも多くはありません。

中小のM&Aマーケットにおいて、中小企業と接点をつくるという意味合いでは私たちの業務内容は、大きくセールスマネジメントとディールマネジメントに分けられます。後者は、財務、税務、法務、労務にまつわる複雑な法律の知識を踏まえ、一件ごとにシチュエーションがまったく異なるM&Aに対応して意思決定の伴走を務めなければならないものです。当社では、セールスマネジメントよりもこのスキルを磨くことを優先して教育し、企業文化として定着させようと努力しています。まずはM&Aのプロフェッショナルを目指してもらい、そのあとに、メンバーのマネジメントをする経験値を積んでもらいたいと思っています。

また、教育の一環として、社内において週一回のペースで勉強会を実施しています。未経験の新人を対象に、M&Aの事例検討を行い、シナジー創出のポイントや決算書から導

内部留保の活用で
子どもたちの未来に
直接投資しています
取締役COO
塚田壮一朗さん

き出される評価についてディスカッションをしたり、エクセルやパワーポイントなどを使った業務効率化の情報を共有したりすることで、未経験者のスキルアップに役立てています。このような場を設けているのは、人をコストではなく資源として捉えているからです。

　ジェンダー平等の確立も非常に重要です。M&A業界においては、男性アドバイザーが99・5パーセントを占めており、企業によっては、女性アドバイザーが1パーセントに満たないケースもあります。当社は積極的に女性を採用しており、現在、27名中5名が女性です。性差に関係なくM&Aに向いている人材を育てると同時に、今後はライフステージに配慮した制度の整備に加え、性差に関わらず気

M&A業界で働く
女性の数を
さらに増やしたい！
戦略本部Associate
渡辺 紗里奈さん

兼ねなく言いたいことが言える社内の雰囲気づくりにも力を入れていきたいと思います。

社外向けの取り組みを積極的に行い業界の底上げに寄与

また、当社では社外に向けた複数の取り組みを推進しています。まず一つは、２０２３年４月にローンチした「NEWOLD ABLE」というM&Aの教育サービスです。これまでの豊富なM&Aの経験から、現場感を大切にしてノウハウを全て詰め込みました。サブスクリプションタイプで３つのコースを用意しており、未経験者でも身近に感じていただけるように、１００コンテンツを超えるアニメーション動画によるeラーニングサービスや、M&A実務者向けに1000を超えるM&Aの論点の解決策が詰まった辞書サービス、個別具体的な案件に対するセカンドオピニオンサービスを提供しています。M&Aを検討している企業の担当者や、M&A業界に興味のある方、金融機関で融資業務をしている方、就職後に確かな知識を得たい方を対象として想定しています。

もう一つの取り組みとして、「VALUE UP Program」も紹介します。こちらは企業価値を向上させることに主眼を置き、中長期的に伴走するサービスです。定期的にお客様と面談を行い、財務面やビジネス面における支援をさせていただいています。具体例としては、インサイドセールスの立ち上げに関わった経験があります。直接的にM&Aと関わりのあるサービスではありませんが、将来的にM&Aの可能性があるお客様と向き合い、付加価値としてのサービスを提供したいと考えています。

さらに当社は「NEWOLD AGENT：経営人材紹介サービス」も行っています。M&Aビジネスに携わる中で「M&Aで譲り受けたいけれど、経営管理できる人材がいない」といったお悩みを多数受けています。人材の課題解決は、売買のみを支援するM&A仲介会社ではご支援が難しい領域ですが、私たちは実際に譲渡企業と経営管理できるC×O人材を同時にご紹介できるため、譲受企業のお悩みに寄り添ったご提案ができます。また、譲渡企業にとっても人材・管理体制が整った譲受企業に事業を承継することができるため、円滑な経営の承継をすることができます。

この他、これからの日本を担う大学に向けた講演活動にも取り組んでいます。M&Aの重要性や仕事のやりがいを知ってもらうことによって、M&A業界に興味を持っていただくことがねらいです。これまで行った講演では、ポジティブなフィードバックを多くいただいており、M&Aに関心を持っていただけていると実感しています。

内部留保を活用して子どもたちの未来に直接投資

冒頭で、中小企業そのものが社会的資源であるというお話をしました。私たちは、M&Aを成約させることによって、貴重な社会的資源の一部を手数料としていただいていると解釈しています。

この資源を活用し、子どもたちの未来に対する直接投資を行っているのも当社の特徴です。成約一件につき、いただいた手数料のうちパーセンテージを決め、譲渡企業や譲受企業、案件担当者が関係する地域、教育団体や非営利団体、スポーツ団体への寄付を行っています。具体例として、2023年2月には、静岡県御殿場市に本社を構える譲渡企業、譲受企業と当社の3社より静岡県御殿場市への寄付を実施しています。今後は、社会貢献を前提としたビジネスにチャレンジする人や団体への投資にも積極的に取り組んでいく予定です。

M&Aという仕事は、企業と企業の資源を組み合わせて価値を生み出しますが、ものづくり企業のように可視化できる何かが手元に残るわけではありません。M&A業界の社会貢献をさらに推進していくためには、一社一社、一人ひとりが率先して行動する必要があります。当社が行っている寄付はその一環です。

そんな当社が求める人材は、社会貢献に興味のある方はもちろん、成長意欲のある方です。M&Aアドバイザーは、企業と人の成長を実現させる仕事なので、他者よりも「成長したい」という意欲が強ければ強いほど向いています。学歴や職歴があまり関係しないビジネスモデルなので、自己成長への強い覚悟のある方は、積極的に採用したいと考えています。

もしM&A企業への就職や転職を考えているのなら、会社のネームバリューや給与面だけではなく、M&Aというビジネスの本質や、そこに付帯して社会にどのような貢献をしたいかを考えるといいのではないでしょうか。またそれ以前に、さまざまな業種の中からM&A企業での就職を検討している場合には、企業選びではなく「職業選び」を意識することをおすすめします。M&Aアドバイザーという職業は非常に守備範囲が広く、かつ専門性も高いことが特徴です。また、ビジネスとして高い収益性を生み出しながらも、社会性が高いビジネスであり、プロフェッショナルとして特殊な経験と能力が身につく職業であると考えております。自分が将来的にどのようになりたいのか？　どのような経験を積んでいきたいのか？　我々の実体験を踏まえ、「職業選び」においても、M&Aという職業は心からおすすめです。

Company File 08

大成株式会社

“ロボットとのハイブリッドを目指した社会の実現”
“早生桐を活用したサーキュラーエコノミー”など
独自のビジネスでビルメンテナンス業界の開拓者に!

上の写真は、三重県いなべ市に土地を購入し、そこへ早生桐を植樹した時のものです。ビルメンテナンス業界において、新しい発想を持ち積極的にSDGsへの取り組みを推進している大成。「ファシリティマネジメント」にロボットやIoTなどの先端技術を組み合わせることで、誰もが働きやすく環境に配慮した社会の実現を目指しています。はじめに、同社のさまざまな施策をSDGsプロジェクトのリーダー加藤憲博副社長に聞きました。

行動を起こさなきゃ
変わらない。人×IoTで
改革を進めます

代表取締役副社長執行役員
SDGsプロジェクトリーダー
加藤 憲博さん

社員の中でもSDGsに関する理解と知見が深く、現在SDGs推進のリーダーとしてさまざまなプロジェクトを進めている。

ファシリティマネジメントの観点からＳＤＧｓを加速

１９５９年創業の当社は、清掃管理業務、設備管理業務、警備業務の３軸を主力とするビルメンテナンス事業を展開してきました。近年はビルメンテナンス事業に留まらず、建物のオーナー様に代わって運営・管理・経営を行うプロパティマネジメント、建築業務、受付業務、ホテル清掃業務にも携わっています。

これらの事業は、全て「ファシリティマネジメント」に包括されます。ファシリティは、業務用の土地・建物・建築物・設備などを指す言葉で、ヒト・モノ・カネ・情報に次ぐ「第５の経営資源」として注目されています。これらを経営的な視点から最適な状態で保有・管理・活用することを、ファシリティマネジメントと呼びます。

少子高齢化により生産・労働人口が減少している現代においては、従来の業務スタイルから脱却し、業務の省人化など、持続可能なビジネスを創出する必要性があります。そしてロボットやＩｏＴを駆使し、ハイブリッドな社会を実現させ、ＳＤＧｓを推進していきたいと考えています。

SDGsポリシー　ファシリティマネジメント事業を通じて、環境と働き方改革に配慮した社会の実現の一端を担います

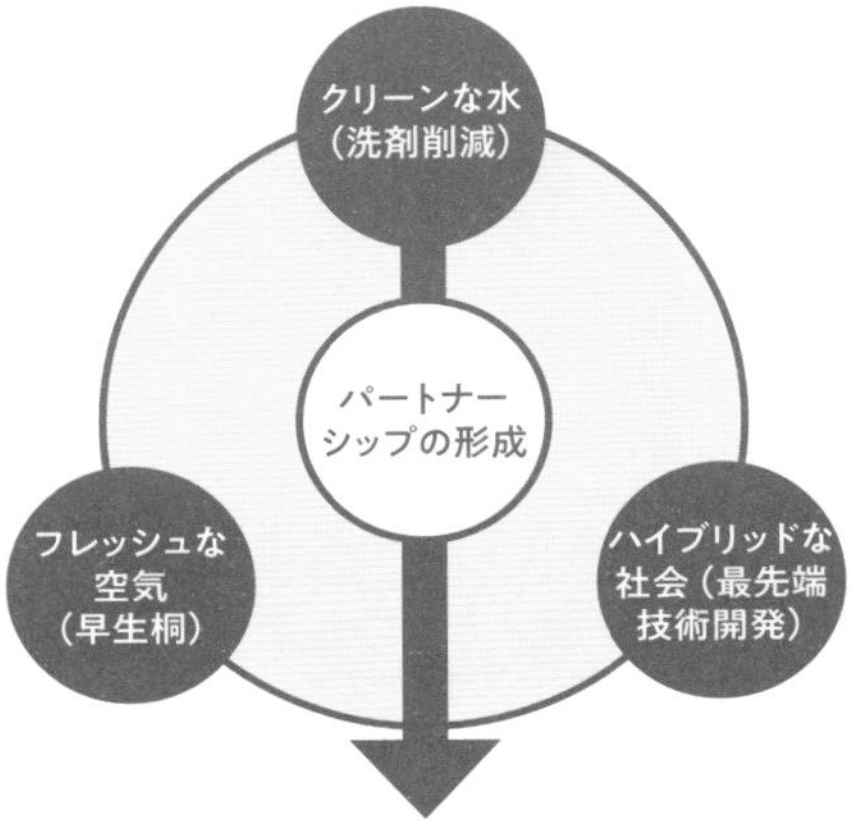

VISION　大成の集大成として、サスティナブルな街づくり（コミュニティ形成）

誰がどこにいても働ける「エコトピア」の実現へ

当社は２０２１年７月に「ファシリティマネジメント事業を通じて、環境と働き方改革に配慮した社会の実現の一端を担います」というＳＤＧｓポリシーを発表しました。このポリシーのもと、ステークホルダーとパートナーシップを結び、クリーンな水（洗剤使用量削減）とフレッシュな空気（早生桐の活用）、ハイブリッドな社会（ロボットをはじめとする先端技術の開発）をテーマに努力を重ねています。

この３つの取り組みの集大成として目指しているのが、「エコトピア」構想です。私たちの仕事は現場に人がいることが大前提となりますが、その常識を覆し、先端技術を駆使し、誰がどこにいても自由に働ける環境づくりを実現したい

と考えています。エコトピアでは早生桐（この後のページで詳しく紹介）を植樹し、農地や太陽光発電などのインフラを整備し、リモートワークができる情報環境を整える予定です。居住空間や会社ではない、世界観を体験できるコミュニティをイメージし、2050年までにエネルギーおよび食物の自給自足率100％の環境づくりを目指しています。当社は三重県いなべ市に広い土地を購入し、現在、植樹や太陽光パネル、宿泊施設の設置を行い、エコトピアの試験版として運用しています。

SDGsの取り組みを進めるにあたり、当社の経営層は、半年以上かけて外部のコンサルタントからレクチャーを受けました。「SDGsとは何か」を学び、各自で勉強し、各取締役がディスカッションして互いに理解を深め、最終的にポリシーと目標値を決めていきました。一人の経営者ではなく、経営層全員が話し合って合意した目標であるため、社員に対しての説明も非常にスムーズで、全社的に意識を高めることができています。

他にも、社員の意識共有の場として、社内SNSを通じた進捗報告を行っています。スタートがコロナ禍だったため、当初はオンラインで社員を集め、目標についての説明を行い、質問を受けるという形を取りました。その後、社員を6チームにグループ分けして行うワークショップを一年間継続したことで、各々の主体性がより高まったと思います。また、SDGsメディアサイト「TAISEI ACTION! SDGs」を開設し、積極的に情報を発信しています。

毎日の洗剤使用量を減らすために

当社は清掃業務において大量の洗剤を使用します。日々使っている洗剤量を減らすことができれば、環境負荷の低減に大きく貢献できます。そこで、全体的な洗剤使用量を２０２６年までに２０２１年比で50％削減するという目標を立てました。

目標を達成するために本格的に導入したのがアルカリ電解水です。アルカリ電解水は水から生成されており、環境への影響がしばしば取り沙汰される界面活性剤は一切含んでいません。名前の通りアルカリ性で油や土砂などの汚れに強く、洗浄に加えて除菌および消臭効果も発揮します。汚れがひどい場合には少量の洗剤を使うこともありますが、全体的な洗剤使用量は大幅に減らすことができます。

アルカリ電解水の本格導入後は、洗剤使用量の推移についてデータを取っており、前月対比でどれくらい洗剤使用量を減らすことができたのかをエリアごとに検証していますが、成果は上々です。また、さらに効果的な方法を模索するべく、さまざまなスタートアップ企業と連携し、いかに廃液を出さないか、リサイクルできるかを研究しています。

当社のＳＤＧｓに関わる他の取り組みは、次ページから紹介します。

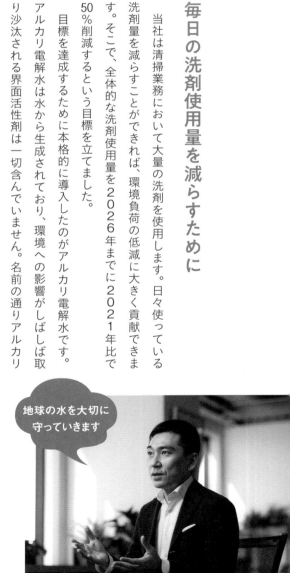

大成の本気なSDGsへの取り組み Pick Up 1

人×ロボットのハイブリッドな警備で人手不足の警備業界、ビルメンテナンスの未来を変えていきます!

警備業務担当
飯倉 翔太さん
警備業務に加え、警備ロボットugo、T-Spiderの導入・開発サポートに携わる。

立哨や巡回警備はugoに!

ビルにおける警備は24時間365日欠かせない業務です。大成では人と先進技術の融合による警備ソリューションを開発、提供しています。警備ロボットugoは、立哨や巡回業務を担当し、データを一元管理するマルチプラットフォームT-Spiderと組み合わせることで業務報告をデジタル化し、人とロボットによるハイブリッド警備が可能となります。

Q ugoのすごいところは?

ugoの特徴として、２本のアームを備えています。そのため、アームを利用してボタンが押せるので、エレベーターを使ったフロア間の移動を行うことができます。カメラを通しての状況確認や、防災センター内から警備員が呼びかけをすることもできるため、立哨や通常の巡回をugoに任せることで省人化を実現することが可能です。

Q ugoを導入したきっかけは?

警備は立哨、深夜勤務など一定の体力を要する仕事です。今後、人手不足が進んでいくと従来の人員体制を維持できなくなることも予想されます。人に代わって警備を行えるロボットの導入を進めるため、ugo株式会社と共に、アバター警備ロボット「ugo TSシリーズ」を作り上げました。

SPEC 1 「おはようございます」などのあいさつや、顔ディスプレイにおける「警備中」の文字表示が可能。

SPEC 2 ポール上部にカメラを設置。前後左右が見える上、マイクやスピーカーを利用した警備員からの声掛け・会話もできる。

SPEC 3 アームを動かしてエレベーターのボタンを押し、自律的に乗って上下階への移動が行える。

SPEC 4 AIによる学習機能により、同じ条件下であれば作業を習得し、自動で巡回業務などを行える。

SPEC 5 警備員のように立哨・巡回が行える。どの方向にも移動できるのはもちろん、その場で回転することも可能。

コンニチハ。警備ロボットugoデス。ワタシノスペックヲ紹介シマス

大成の本気なSDGsへの取り組み Pick Up 2

環境に配慮した素材を使った 自然界と向き合える新たなオフィス空間へ 「T-GARDEN」が名古屋本社にも オープンしました!

取締役執行役員
加藤 千加良さん
建築・不動産セクター管掌。米IT大手企業のオフィスを見学して「T-GARDEN」の着想を得る。

ファシリティマネジメント会社だからできる 新しいオフィスづくり

2023年3月、名古屋本社がリニューアルし、オフィス兼ショールームが完成しました。東京本社に続き2カ所目の、「T-GARDEN」と名付けた新たな働く空間です。当社が掲げるSDGs宣言に基づき、使用する素材を環境貢献度の高いものにし、さらにサーキュラーエコノミーを意識。安心感や快適性の高い落ち着ける場所になればという想いで造りました。

3月にリニューアルしたばかりの本社!

名古屋本社

自然環境をデザインや音で再現

どこからでも緑を感じられる上、音でも自然環境を再現。足元からは川の音、上方からは鳥のさえずりなど、まるで自然の中にいるような空間を演出しています。自社のみならず、オフィスづくりのプロデュースにも力を入れていきます。

名古屋本社

東京本社

グリーンもクリーンも! 自社で育成した早生桐も活用予定

家具の主原料には木材のほか紙を使用することで軽量化を実現。そのうち木材には「早生桐」を使っています。今後は、自社で育成を手掛けた早生桐(P123参照)を家具に組み入れ、T-GARDENをアップデートさせていきます。

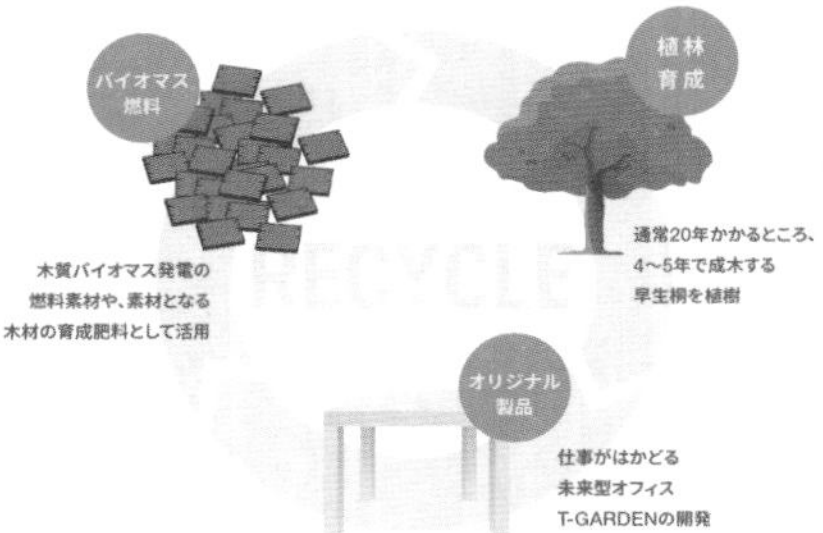

バイオマス燃料
木質バイオマス発電の燃料素材や、素材となる木材の育成肥料として活用
植林育成
通常20年かかるところ、4〜5年で成木する早生桐を植樹
オリジナル製品
仕事がはかどる未来型オフィスT-GARDENの開発

なる事業へ!

オフィス家具の新発想

東京本社

レイアウト変更自在! より自由な空間に

リサイクルの観点から、組み立てる際の金具や釘は不使用。部材同士をかみ合わせて使う木工法を採用しているため、パネルの組み立てや解体が容易。レイアウト変更を自在に行うことができます。

取締役常務執行役員
佐々木 功さん
経営企画ユニット、ダイバーシティ戦略ユニット管掌。加藤憲博副社長と共にSDGsへの取り組みを推進する中心的存在。

大成の本気なSDGsへの取り組み Pick Up 3

「エコトピア」に、5年で成木になる早生桐を植樹し、CO2削減を目指しています! 鹿、ヘビ、害虫、自然と格闘しながら、植樹2年目へ

4〜5年で成木へ CO2吸収量は杉の10倍

早生桐は、CO2の吸収量が杉の木の10倍あるといわれています。また、一般的な桐なら20年かかるところ、4〜5年で成木します。この早生桐を自社で植樹・育成し、T-GARDENの家具に使用するほか、使用後は木材チップとしてバイオマス発電に活用するサーキュラーエコノミーの確立を目指しています。現在の目標は2026年までに2400本を植樹することです。

コレが早生桐の苗

植樹4カ月で2mに!

1.65hの敷地に675本 約40名の社員で植樹

2022年5月12日、三重県いなべ市にて早生桐の植樹式を実施。約40名の社員で、当社が購入した1.65hの敷地に675本の早生桐を植えました。1本1本手作業をすることで、社員のSDGsに対する意識が向上しました。

鹿に新芽を食べられた!

台風でフェンスが…

多くの仲間と共にSDGs推進へ

自然の生き物とのいたちごっこに

植樹後すぐに鹿に新芽を食べられ、一度茎から切り再生を促すことになりました。他にも害虫や、自然災害への対策に追われながらも、社員の熱い頑張りで早生桐の育成を続けています。

社員の新しい働き方を提案する場が完成

エコトピア構想の一環として、早生桐を植樹した敷地内に福利厚生施設を併設。電気は太陽光を利用しています。自然豊かな憩いの場でありつつ、ワーケーションにも活用することが可能。BBQもできます。

福利厚生×SDGs

大成の本気なSDGsへの取り組み Pick Up 4

多様な人材を受け入れて終わりではない。大成は任せる人・業務・目指す成果を明確にしたダイバーシティ・インクルージョンを推進します

引き続き、
佐々木 功さん

ダイバーシティ戦略ユニットを新たに開設

あらゆる人材が働きやすい職場を目指し、女性活躍、高齢者の健康促進、外国人教育機会の増進、障害者と共に働く環境づくりを進めているのが、2022年4月に開設したダイバーシティ戦略ユニットです。ダイバーシティは社内の一部、同部署だけで推進していくのではなく、例えば、オフィススタッフ200名を対象に、ダイバーシティの理解を深めるさまざまな研修を実施したり、社会課題解決のために若手社員がプロジェクトを立ち上げてディスカッションを重ねるなど、全社を巻き込んで活動しています。

507名が活躍中! 大成の外国籍スタッフの本気と本音

黄イブンさん
2017年入社。T-View監視カメラ関連業務などを担当。

リューチンさん
2018年入社。海外子会社関連の翻訳・通訳などを担当。

アットホームな雰囲気の中 適切なサポートを受けています

会社の雰囲気はとてもアットホームです。周囲の上司や同僚は、ミスをしたときや仕事量が多いときのサポートを欠かさずしてくれるので、責任感とチームワークを感じます。今後の目標は、自分が考案したアイデアを具現化し、大成ブランドの目玉となるような商材・新規事業を立ち上げることです。

外国籍スタッフを歓迎してくれる 個性を大事に仕事できる場所

外国人、高齢者、障害者、育児中の女性、LGBTQを含め、多様な人材が集まっているのが大成です。周囲の理解があるからこそ個性を発揮することができます。大成は一人一人を尊重し、大切にしてくれる会社です。たくさんのチャレンジや成長の機会をもらっています。

仕事のやりがいは?

大成の働きごこちは?

一人一人の社員に一つ一つのキャリア形成

人の数だけ、仕事も成長ストーリーもキャリアプランもあります。大成で働く社員にありのままの気持ちを語ってもらいました！

私の部署は、個々で勤務時間の調整がしやすく在宅勤務も可能です。そんな中でも、頻繁に1on1でコミュニケーションを取れる環境があり、相談する体制が整っているので、落ち着いて働けています。入社１年目ですが、仕事を通して社内に情報発信する機会が多くあり、その発信によって社員の皆さんに新しい発見や気づきを持ってもらえたときに、取り組みがいを感じます。強みとなるシステムの得意分野を持てるよう今後も勉強していきたいです。

西山 瀬里さん

2022年入社。IT戦略推進室。社内システムの保守・運用改善・導入業務を担当。

風通しが良く、働く現場の意見やアイデアが通りやすい会社です。SDGs関連では、早生桐の育成管理を担当しており、毎週のように現地へ行って早生桐の育成に力を注いでいます。ゼロから始めるプロジェクトはとても難しく山あり谷ありですが、見守ってくれている上司を背中に感じながら仕事を任せてもらえる環境のおかげで、挑戦し続けることができています。早生桐以外にも、社員全員のエンゲージメントを高める企画や社内外への情報発信を行い、認知度向上に努めています。

内山 紗莉奈さん

2021年入社。企画部広報課。SNSなどメディアを活用し社内外の広報を担当。

休憩やリフレッシュにT-GARDENを利用しています。開放的な空間があることで、オフィス内での休憩が苦しくなく、仕事の集中力向上にもつながっていると感じます。私の担当する仕事で大切なことは、清掃現場に勤める誰もが働きやすく感じるように業務を改善することです。特に、技能実習生の外国人スタッフや新入社員の声など、現場で意見を言いにくい人への聞き取りを欠かさないことで、環境を整えていきたいです。

相馬 吏里子さん

2021年入社。清掃業務における事務管理を担当。

大成は若いうちから裁量権を持たせてもらえる会社です。新しいアイデアが評価されれば、すぐに採用されるのが魅力です。今後は、「女性活躍推進」という言葉がなくなるくらい、女性の従業員や管理職を増やし、性別を問わず働きやすい環境づくりを目指します。さらに、ビルメンテナンスという安定した土壌の上に、DXやIoTによる新しい技術の創出をしている当社に、ワクワクして入社する人材を増やしていきたいです。

阪口 舞さん

2017年中途採用で入社。人事部。採用・研修を担当。

警備ロボット「ugo」を現場に導入するサポートを担当しています。警備業務は、身体的につらい仕事ですが、それをロボットへ換えていけば、世の中の多くの人の働きやすさにつながると思い、ugoを含む「T-シリーズ」製品の拡販にまい進しています。他にも、施設の開業時に、要望に沿ったシステム提案をする業務などを担っていますが、お客様と直接接して課題や実際の現場状況を知り、一つ一つ解決するためのシステムを提案していく仕事にやりがいを感じています。

渡利 宏紀さん

2022年入社。DX商材「T-シリーズ」の販売および導入サポートを担当。

Company File 09

住友商事株式会社

社会課題解決への貢献を通じ、持続可能な社会の実現を目指す

人事部採用チームの皆さん

コーポレートメッセージ「Enriching lives and the world」が示す通り、
世界を、社会を、人々の暮らしを、より豊かにすることを目指し、
400年超にわたり受け継がれてきた住友の事業精神「自利利他公私一如」を礎に、
新たな価値創造を実践している住友商事グループ。
自らの強みを活かし、新たな価値創造を通じてグローバルな社会課題解決に貢献する
―― そこに住友商事グループとして果たすべき使命と責任があります。

サステナビリティ推進部
戦略企画チーム
傳田貴士さん

住友の事業精神を核としたサステナビリティ経営

住友商事グループの根底には、「自利利他公私一如」という住友の事業精神が流れています。これは、「住友の事業は住友自身を利するとともに、国家を利し、社会を利するほどの事業でなければならない」というもので、ＳＤＧｓが目指す「誰一人取り残さない社会の実現」とも合致しています。そして、私たちは常に変化を先取りして新たな価値を創造することで広く社会に貢献すべく事業に取り組んできました。様々な社会課題が深刻化・複雑化し、社会のニーズが大きく変化していく中で、それに貢献する形に我々自身を変えていくことが必要であり、まさに当社グループが役割を発揮すべき時です。より長期的な視点でビジネスモデルを変革し新たな事業に挑戦する。それら事業を通じて、持続可能な社会の実現に貢献し、社会や世界中の人々の暮らしを豊かにする。こうした考え方に基づき、水素事業のような次世代のエネルギーシステム構築や新興国の基幹インフラの整備など世界中で多様な事業に取り組んでいます。このように「社会の持続性」と「社会の発展と進化」という2つのテーマの両立・共存に取り組み、グループの持続的発展も図ることが住友商事グループのサステナビリティ経営です。１００年先のよりよい未来に向けて、あらゆる社会課題の解決に貢献していきます。

福島県浪江町における水素を活かしたまちづくりプロジェクト

世界が真似したくなるエネルギーシフトを浪江町から

――まずはおふたりの経歴と現在担当する事業について教えてください。

鈴木　私は2021年の10月から、水素事業部で福島県浪江町の水素を活かしたまちづくりプロジェクトに関わっています。2014年の入社以来ずっと天然ガス・LNGの開発事業を担当してきたことから、エネルギー領域での経験や知見を活かして気候変動問題の解決に関わりたいと、希望して異動しました。私は福島県出身なので、地元である福島県の浪江町プロジェクトに参加できることに、大きなやりがいと喜びを感じています。

澤村　私は現地駐在員として2年前から浪江町に住み、浪江町役場、地元の企業や地域のみなさまと一緒に取り組みを進めています。これまでに取り組んできた事業とはまた違った新しいチャレンジに現地現場で携わってみたいと、浪江町駐在を希望しました。

水素事業部
鈴木 七世さん

――御社の水素事業の歴史や意義について教えてください。

鈴木　私が現在の部署に異動した2021年は、カーボンニュートラル社会の実現に資する次世代事業創出に向け、全社の経営資源を戦略的に投下し、エネルギーイノベーション・イニシアチブ（EII）という組織を発足した年でもあります。水素事業部は、このEIIの一部として次世代事業創出を通じてカーボンニュートラル社会の実現に貢献することが期待されていますが、その中でもとくに、かつて2万人が居住していた浪江町に賑わいを取り戻すことに貢献する本プロジェクトは、東日本大震災と原子力発電所の事故の影響で一斉避難が命じられた浪江町の未来を構築する、社会的意義の大きな仕事です。

澤村　当社は2015年に水素関連事業をスタートさせ、2020年には事業部として立ち上げるなど、先陣を切って水素ビジネスに取り組んできましたが、その中でも浪江町における水素事業をはじめるきっかけとなったのは「偶然の出会い」だったと聞いています。

鈴木　その出会いというのは、浪江町役場で新エネルギー関連事業を担当している方が、旅行先のパタゴニアで現地ツアーに参加したときに、たまたま当社のチリ駐在員と一緒になって意気投合したことがきっかけだそうです。一期一会の出会いがビジネスへ発展していったというエピソードは、「人」の結びつきを大切にする当社らしい展開だと思います。

浪江町の未来を共に考え、一緒につくっていく

——浪江町における本プロジェクトの概要について教えてください。

澤村　浪江町とは2021年に連携協定書を締結しました。当社が持つ多様な分野での専門的・技術的知見を活用し、持続可能で賑わいのある浪江町のまちづくりに向けた取り組みを進めています。現在は、日常生活のなかに水素があると、住民の皆さんの暮らしがどのように変わり、楽しくワクワクするものになるかを実感していただくために、水素で走る電動アシスト自転車や、水素コンロによる調理など、実際に水素の利便性や必要性を感じていただける施設づくりの検討を進めています。

鈴木　単に水素インフラの導入を進めるのではなく、実際に居住する方々のライフスタイルに寄り添った水素の利活用を起点にすることが、新しいエネルギーの社会受容性を高めることにつながると考えています。ですから、現地に社員が駐在して「住人」目線でプロジェクトを進めることは不可欠です。

——まさに地域に根差した事業ですね。

地元の小学生向け水素教室

澤村　そうですね、ただこのプロジェクトを進められるのは、町役場の方や地域住民のみなさまが、新しいチャレンジに対して寛容かつ前向きで、私たちの取り組みについても受け容れてくださるからです。東京本社で勤務していた時に比べると、浪江町での仕事は、「どんな課題を解決し、誰に届くものなのか」具体的に誰かの顔を思い浮かべながら仕事をしている実感があります。

鈴木　新しいエネルギーの普及促進をしていく時に、国や自治体からのアプローチは必要ですが、何よりも実際に使う地域の方に共感していただかなければ、真に持続可能な取り組みとはいえません。さらに、地域に根ざした現地駐在員と、全体局面を俯瞰できる東京本社との両輪でプロジェクトが進行できるのは、これまで世界各国でまちづくりや新規プロジェクトに関わってきた住友商事グループだからできることだと思っています。

澤村　水素の利活用によって、自分の暮らす町でもある浪江町の人々の暮らしをより豊かで楽しいものに変え、そこからさらに地域活性化と気候変動緩和にもつなげる――。そんな思いで、これからも取り組みを進めていきたいと考えています。

当社組合員向けフィールドワークin浪江

エチオピアにおける総合通信事業

通信インフラ整備にとどまらない、国の未来づくり

――まずはおふたりの経歴と現在担当する事業について教えてください。

藤田　私は2013年に入社後、金属事業部で9年間の経験を経て、現在の部署に異動しました。現在の部署ではこれまでモンゴルを皮切りに、ミャンマーやロシアなど、通信サービスが不十分な国や地域に対し、通信インフラを届ける事業を行っています。現在私が担当しているエチオピアの総合通信事業は、2022年10月にエチオピアの首都アディスアベバをはじめとする11都市で通信サービスの提供を開始しました。参入当初はエチオピアの携帯電話の普及率は約50%とアフリカ諸国内でも低い水準でしたが、2030年には90%超を目指しています。

スマートインフラ事業第二部
藤田 一馬さん

副島　私は2008年に入社後3年間財務系の部署に所属し、その後営業を希望して現在の部署へ異動しました。以来、新興国を中心に通信事業に関わる業務を行ってい

ます。当社は早くから通信事業に取り組んでおり、こうした大規模な通信事業は住友商事ならではと言えます。藤田さんが話した事例に加え、当社は国内での5GネットワークÉ構築の実績やDX（デジタルトランスフォーメーション）の知見も持ち合わせており、こうしたメディア・デジタル分野での強みを掛け合わせることで、単なる通信事業にとどまらず、付随するサービスも含めた「総合通信事業」を提供することができます。本事業を通じ、「地域社会・経済の発展」、「生活水準の向上」の面から、「社会の発展と進化」に取り組んでいます。

スマートインフラ事業第二部
副島 ゆかりさん

――非常に社会的意義の大きな事業ですね。

藤田　エチオピアは、アフリカ域内第2位の約1億1800万人の人口を有し、近年は年率7～10パーセントの経済成長を遂げています。エチオピア政府も通信インフラの構築には非常に前向きですが、官民が一体となった国家レベルのプロジェクトはやりがいが大きい分、大変な面もあります。

副島　社会的意義とともに、責任の大きさも感じています。10年前に私がモンゴルで通信事業に関わり始めた頃はまだSDGsではなくCSRの時代でしたが、それでも当時から、生活の基盤である通信インフラの重要性はかなり注目されていました。いまや、金融もセキュリティも医療も、あらゆるサービスに通信インフラが関わっているので、単に経済の発展だけでなく、デジタル技術による国づくりという重要な責務を任されていると受け止めています。そうは言っても当社は通信会社ではないので、大手通信事業者と協業して事業を展開します。エチオピア通信事業では、2020年に当社が戦略的パートナーシップを締結し、各国で豊富な通信事業経験を持つボーダフォンとの合弁で、「Safaricom Telecommunications Ethiopia PLC（サファリコム・テレコミュニケーションズ・エチオピア）」という事業会社を設立し、事業運営を行っています。共同での事業推進にあたり、新興国での通信事業の経験に基づく、リスクマネジメントを含むプロジェクトマネジメント力や、その地域に入り込んで人々のニーズを汲み取り、地域の人々とともに事業を作り出すノウハウが当社に求められています。

藤田　「SDGs」という世界の共通目標ができたことで、政府や金融機関のサポートが得られやすくなった部分もありますよね。将来的にはエチオピアだけでなく、アフリカの他の国や地域も対象に、経済発展と人材育成のみならず、デジタル技術による国づくりに貢献していくのが目標です。

副島　基本的な通話・データ通信サービスの提供や、通信インフラを基盤とした教育や医療などの付加価値サービスを通じて、豊かなライフスタイルの創出に貢献する新規事業も見込んでいます。また、現地雇用についても昨年10月末の段階で新卒150人を含む1000人を超えており、引き続き直接・間接ともにエチオピア全土で雇用を継続していく予定です。

多様性を力に、新たな価値創造に挑戦する住友商事

――この事業のやりがいについて教えてください。

Safaricomエチオピアのアディスアベバ直営店

藤田　本プロジェクトを行うエチオピアは経済成長が見込める一方で、不安定な政情や貧困問題といったリスクも抱えています。リスクをどうマネジしながら難しい課題に答えを出すか、強い使命感を持ち、こうしたチャレンジを楽しめる人なら、とてもやりがいを感じられると思います。

副島　モンゴルの通信事業会社で99%がモンゴル人という環境下、数名の日本人の一人として勤務した経験がありますが、現地の文化や考え方、働き方などを実際に体験できたことは非常に有益で、現在のエチオピア通信事業でもその経験値が大いに役立っていると実感します。現地職員の力なくしてはなしえない事業ですし、まさに彼らと一丸となり、一人ひとりの強みを活かして取り組むことが醍醐味といえます。

また、当社はキャリア支援も充実していますので、女性もどんどん挑戦して欲しいですね。私自身育休制度を利用し、現在は2人の子どもを育てながらフルタイムで働いています。家族やチームの協力のもとで、昨年は久しぶりにエチオピアへの出張も果たしました。子どもを連れて海外に駐在する人もいますし、多様な働き方ができる職場だと思います。

藤田　通信事業は、構想から全土的なインフラ構築までに10～15年かかることもある長期スパンのプロジェクトです。通信インフラを整備して終わりではなく、通信インフラを整備した先に広がるビジネスで、人々のよりよい暮らしに貢献していく。そんな未来を見据え、これからも新興国の通信インフラ整備に関わっていきたいです。

海外工業団地事業を通じたものづくりへのサポート

ご契約いただいた時が、お付き合いの始まり

――まずはおふたりが現在担当する事業について教えてください。

升岡　私は2019年からベトナムに駐在して海外工業団地ビジネスを推進しています。

もともと、新興国のインフラ構築には興味があったのですが、住友商事グループが海外工業団地ビジネスに取り組んだきっかけが、1980年代にタイの地場工業団地へ進出するお客様への支援から始まったと聞き、「工業用地を販売して終わり」ではなく「ご契約いただいた時がお付き合いの始まり」というビジネスに魅力を感じて配属を希望しました。

早田　私は入社時に「いろいろな専門性をもった方たちとひとつのものをつくりあげる仕事がしたい」という希望を伝えていました。海外工業団地事業については詳しく知らなかったのですが、現地に

海外工業団地部
第一・第二チーム
升岡 裕善さん

おける土地の収用から開発、企業誘致、運営、入居企業の操業サポートまで、一貫して携わることができる事業は、まさに私が希望していた通りのものでした。日本の総合商社で当社だけが唯一設けている「海外工業団地の開発・運営・販売に特化した事業部」に携わっているというのも、大きなやりがいになっています。

――御社が海外工業団地事業に取り組む意義を教えてください。

升岡　住友商事グループが海外工業団地事業に関わるのは、開発した工業団地を核として、ビジネスも入居者も持続的に発展させていけるからです。入居企業を誘致し、電気や水などの生産に必要なインフラを届け、広範囲で長期にわたるお付き合いを通じ、生産性や付加価値の高い産業を振興、「社会の発展と進化」に貢献しています。

海外工業団地部
第一・第二チーム
早田 優理さん

早田　ゼネコンではない当社が、ここまで海外工業団地に力を入れて取り組むのは、「常に変化を先取りして新たな価値を創造し、広く社会に貢献するグローバルな企業グループ」という目指す企業像に即しているからだと思います。海外工業団地ができることで、地域に人が集まって賑わいを創出し、新たなビジネスが生まれる。そのビジネスを通じて、当社の事業も拡張していくという、多くの方々の持続可能な未来につながっていると思っています。

経済的発展だけでなく人々にワクワクする未来を届ける

――海外工業団地事業の使命や今後の展望を教えてください。

升岡　何もなかった場所に工業団地ができて、そこを起点に街が発展し、人々の生活が豊かになって楽しく暮らせる未来を思い描くと、私たちが提供しているのは「工業団地」という容れ物ではなく、そこで暮らす人々や働く人々のワクワクする未来なのだと感じます。

早田　「開発して終わり」ではない海外工業団地事業は、プラットフォーム性が高いビジネスでもあります。入居してくださる企業に通う数万人の従業員やそのご家族に対して、より新しく快適な暮らしを提案したり、DXソリューションを常にアップデートし続けたりしていくことも必要です。

升岡　そうですね。2021年からはベトナムの第二タンロン工業団地で屋根置き太陽光発電事業を開始し、グリーン電力を供給しています。2030年までにベトナムの3工業団地合計で、100メガワットピークの導入容量を達成し、入居企業のグリーン電力需要に応えて

ベトナム タンロン工業団地

いきます。

早田　3つの工業団地を管轄する東京本社の役割としては、太陽光発電事業の拡大のほか、洪水対策の工事や、現地事業会社の経理業務、リスクマネジメントなどを現地と連携してしっかりと行っていきたいと思っています。

　昨年、入社後初めてベトナムの工業団地に出張しました。いつも画面越しで打ち合わせをしている現地のスタッフとも初めて対面でコミュニケーションを深めるとともに、今後開発していく土地を目で見てイメージを膨らますことができたのは貴重な経験でした。

――就職活動中の方々へメッセージをお願いします。

升岡　最初にベトナムに駐在した時は右も左も分からない状態でしたが、日々経験を重ねていくなかで、現場での作業を任されたり、どの国や地域に工業団地を建設するかの提案をさせてもらえるようになったりと、役回りが増えていきました。海外でものづくりを行う企業は多岐にわたるので、企業が必要とするニーズもそれだけ多く存在します。当社は「やりたい」と手を挙げれば応えてくれる会社ですので、自分で限界を決めず、ぜひ新しいことに貪欲に挑戦してほしいと思います。

早田　私は大学ではiPS細胞の研究をしていました。まったく畑違いの会社に縁あって入社しましたが、いろいろな方と一緒に長い時間をかけてワクワクする未来をつくっていける今の業務に配属されたことにとても感謝しています。総合商社には非常に幅広い業務がありますので、さまざまな角度から社会貢献ができると思います。私自身もこれからも新興国の経済発展と人々のよりよい暮らしのために邁進していきたいです。

100年先を見据えたグローバル人材マネジメントポリシーの制定

グローバルな事業環境や雇用環境が変化する中、2020年9月に制定したグローバル人材マネジメントポリシーは、100年先を見据えた当社のビジョンとして明文化しました。目指す「個」の姿は、Top Tier Professionalismで、グループの理念やビジョンに共感し、高い志を持ち、自律的な成長を続け、進取の精神で、グローバルフィールドで新たな価値創造に挑戦する人材集団となることです。

目指す「組織」の姿は、個々人がイキイキと、新たな価値を生み出し続けるGreat Place to Workをグローバルに築き上げ、世界に人材を輩出する「挑戦の場」として選ばれ続ける組織です。

高い志を持つ人材に自律的な成長と自己実現の場を提供し、その挑戦のエネルギーが組織の成長と価値創造の原動力となる、そして、その連鎖が、さらにTop Tierのプロフェッショナルを惹きつけ、組織としての厚みを創る。こうして「個」と「組織」がともに成長する関係を築き、時代が求める新たな価値の創造へ挑戦していきます。

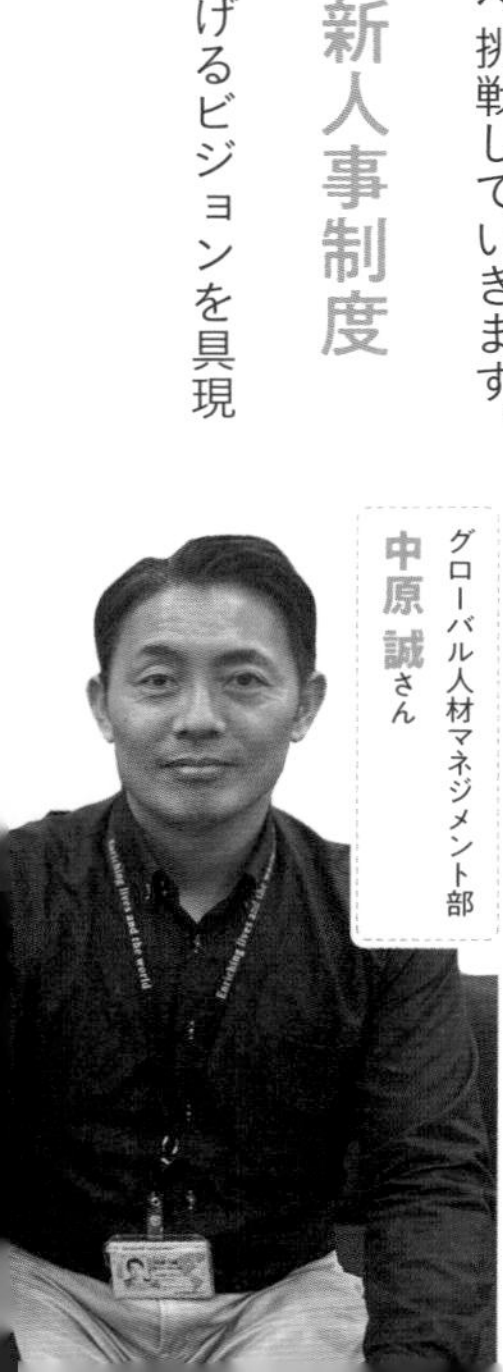

グローバル人材マネジメント部
中原 誠さん

ビジョンを具現化するための新人事制度

グローバル人材マネジメントポリシーで掲げるビジョンを具現

化するための第一歩として、２０２１年４月から新人事制度を導入し、本社における人材マネジメント改革を進めています。新人事制度では、Pay for Job, Pay for Performanceに基づき、職務等級制度を導入しました。年次管理を撤廃し、専門性・スキルを重視したベストタレントの最適配置を通して全世代での人材活性化と組織パフォーマンスの最大化を目指しています。

また、評価制度を刷新し、絶対評価、３６０度評価を導入しました。FairなPay for Performanceの精神の下、徹底的に「個」と向き合うことで一人ひとりのポテンシャルを最大限に引き出し、多様なビジネス領域におけるTop Tierのプロフェッショナルの育成・輩出を促進していきます。また、人材マネジメント改革のドライバーとして、『価値創造、イノベーション、競争力の源泉』と位置付けるDiversity, Equity & Inclusionを推進しています。日本及び各国拠点の実情に応じた施策を実施していますが、例えば、日本においてはキャリア採用を拡充し、多様性に富む人材、多様なビジネス領域におけるTop Tierのプロフェッショナルの集積を加速しています。

当社のコーポレートメッセージである「Enriching lives and the world」。世界を、社会を、人々の暮らしを、より豊かにしていくために、ともに新たな価値創造へ挑戦してくださる方をお待ちしています。

グローバル人材マネジメント部
木澤 裕史さん

こんな会社で働きたい

協力者一覧

カバーデザイン

市川佳奈（有限会社アイル企画）

本文デザイン・DTP

市川佳奈／大谷達也／松岡敬志／佐野航平／
邱美幸（有限会社アイル企画）／荒好見

取材・執筆

相澤洋美／吉田勉／瀬尾英男

写真撮影

小田駿一／錦織康弘（株式会社アドネスト）／
堀哲平／塙ひろみ／関根綾

校正・校閲

株式会社文字工房燦光

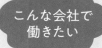

［著者略歴］

クロスメディアHR総合研究所

クロスメディアグループの経営と人事をテーマにした研究機関として、調査・研究からビジネス書の執筆、採用支援、人材育成の支援まで幅広いサポートを行っている。「メディアを通じて人と企業の成長に寄与する」をミッションとし、編集とデザイン、マーケティングチームが一体となって、現場の課題を解決するためのソリューションを提供している。提案で終わりではなく、さまざまなメディアやツールを提供することで課題解決する実践力は高い評価を得ている。

こんな会社《かいしゃ》で働《はたら》きたい SDGs編《へん》3

2023年5月1日　初版発行

著　者　クロスメディアHR総合研究所

発行者　小早川幸一郎

発　行　株式会社クロスメディア・パブリッシング
〒151-0051 東京都渋谷区千駄ヶ谷4-20-3 東栄神宮外苑ビル
https://www.cm-publishing.co.jp
◎本の内容に関するお問い合わせ先：TEL(03)5413-3140／FAX(03)5413-3141

発　売　株式会社インプレス
〒101-0051 東京都千代田区神田神保町一丁目105番地
◎乱丁本・落丁本などのお問い合わせ先：FAX(03)6837-5023
service@impress.co.jp
※古書店で購入されたものについてはお取り替えできません

印刷・製本　株式会社シナノ

 ISBN978-4-295-40824-6　C0030